九型人格
心理

U0059301

看透你的內在動機與行為模式

巨嬰　情緒勒索　感知障礙　PTSD

是什麼塑造了他們，又為什麼很難治癒？

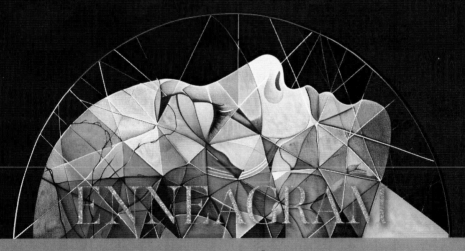

ENNEAGRAM

▶ 有些小孩乖巧有些卻很「歡」，先天因素占了幾成？
▶ 總自以為是世界中心點，媽寶、巨嬰是如何養成的？
▶ 「你不這樣就是不夠愛我」為什麼會出現情緒勒索者？

李娟娟 著
京師博仁 組編

在一個人的成長過程中，哪些因素決定了最終性格？
論人格的形成與發展，解析特質背後的多重因素！

目錄

目錄

▌第二章
性格與氣質 —— 生來已有的差異

目錄

■第五章
性格與同伴 —— 平等互動的開始

■第六章
性格與生理變化 —— 被禁錮的靈魂

■第七章
性格與創傷經歷 —— 恐怖的麻木感

目錄

■ 第八章

性格與文化 —— 人為賦予的差異

前言

「性格決定命運」，能否擁有幸福人生的決定性因素不是知識、能力這些精神財富，也不是物質財富，而是積極、健康的性格。一個樂觀開朗、寬容大度的人，無論面對怎樣的境遇，都能擁有幸福的人生。但性格究竟是什麼？哪些因素影響了一個人性格的形成？面對自身性格上的缺陷，我們又能做些什麼？對於這個耳熟能詳又不甚了了的概念，我們還有許多未知的領域需要探索，有很多空白需要填補。而這本書就是作者為此精心撰寫的心理學普及讀物。

先天遺傳還是後天環境決定了我們的性格？「氣質」是什麼？對我們的性格有著怎樣的影響？你是容易型氣質、困難型氣質還是慢熱型氣質？

大腦損傷會改變我們的性格嗎？創傷性經歷會扭曲我們的性格嗎？

孩子與養育者之間的依戀關係如何塑造他的性格？同儕關係對性格的形成發揮著怎樣的作用？

家庭小環境和社會大環境在性格的養成中扮演著怎樣的角色？如今廣泛流傳的九型人格又是怎麼一回事？

　　這些都是關於性格的心理學問題，作者在書中一一涉獵，並給出深入淺出的解答，一個個鮮活貼切的案例有助於我們對性格這個與每個人息息相關的問題產生直觀的認知。作者依據權威的心理學理論和科學的心理學實驗對性格進行了全方位、多角度的剖析和詮釋。如果您想一睹「性格」的真面目，了解自己的「真性格」，不妨翻開這本書。

第一章

將性格分類 —— 九型人格

天才與瘋子之間往往是一線之隔，探索者常常會走向兩個極端，即天才和瘋子。對於天才而言，他們的想法雖然不被常人所理解，但他們的想法並不脫離實際，不會將自己的想法強加在現實上，因此天才能正確地理解現實，甚至會發現新的現實模式。但對於瘋子來說，他們始終活在自己幻想的世界中，會把自己腦海中的模式強加在現實上，瘋子往往會與現實世界脫離。

追求百分之百的正確

—— 完美者

法國著名雕塑家羅丹（Auguste Rodin）是一個完美主義者，在進行雕塑工作的時候他追求百分之百的完美。一天，羅丹邀請好朋友奧地利作家褚威格到他家中做客。兩人邊吃飯邊交流文學和雕塑這兩種藝術，他們都十分高興。吃完飯後，羅丹便邀請褚威格到他的工作室參觀，他所創作的雕塑都是在這個工作室內完成的。

在工作室內有許多雕塑，有完整的，也有許多雕塑小樣，例如一隻手臂、一隻手掌等。桌子上還擱置著許多草圖。褚威格邊看邊感嘆羅丹的勤奮，就在這時羅丹突然掀開了一塊溼布，下面是一座女性正面雕像，羅丹對褚威格說：「這是我最近剛剛完成的一件作品。」褚威格隨口問道：「這是一件成品嗎？」

羅丹沒有立刻回答，而是仔細端詳著這尊雕塑，然後皺著眉頭說：「不！還有許多毛病，左肩有點偏斜了，臉上也有毛病。對不起，你得等我一會兒。」說著，羅丹就拿起了刮刀、

木刀片開始輕輕劃過軟軟的黏土。褚威格沒有打擾羅丹，就靜靜地站在他的身後，眼看著一塊塊黏土掉落，雕塑在羅丹的手中變得越來越生動，好像被賦予了生命力。在褚威格看來，這尊雕塑已經夠完美了，但羅丹並不滿意，嘴裡不停地嘟噥著：「還有那裡……還有那裡……」羅丹將臺架轉過來，又修改了一下。但羅丹還是雙眉緊蹙，突然他似乎想到了什麼，捏好小塊的黏土，黏在雕塑身上，又刮開了一些。

此時的羅丹已經完全沉浸在了創作之中，絲毫沒有注意到時間的流逝，好像把請來的客人褚威格都給忘記了，沒有再跟褚威格說過一句話。在羅丹的眼中，整個世界好像都不存在了，他的眼中只剩下了眼前未完成的雕塑。

過了很長時間，羅丹才放下了刮刀，並長舒一口氣，最後像一個多情的男子將披肩披到他的情人肩上那樣，十分溫柔地將溼布蒙在了女性雕像上。最後羅丹直接朝門外走，快走到門口的時候，突然發現了褚威格，此時他才想起來褚威格這個朋友，立刻為自己的失禮道歉：「實在對不起，褚威格，我剛才完全把你忘記了。」褚威格毫不在意，他十分欽佩羅丹的工作熱情。

完美者有著強烈的是非感，極其強調原則，注重個人修養，對自身嚴格要求，即使是很小的錯誤也能注意到，並且努力進行改正。

完美者都是奉行完美主義的人，他們不會滿意現狀，會要求自己和他人追求完美，甚至會認為督促他人追求完美是自己義不容辭的責任。完美者不允許出現錯誤，所有的一切必須是百分之百地正確，每當別人出現錯誤時，哪怕只是一點小錯誤，完美者都會指出來，並要求對方改正。當然完美者也會嚴格要求自己，喜歡進行自我批評，會嚴格按照自己理想中的藍圖去做。

亨利是一所中學的老師，專門教授希臘語。亨利是個追求完美的人，其他老師和教育部門都不喜歡與亨利打交道。在教育上，亨利有自己的理想，不管遇到多大的困難，他都會去追求自己的理想，不會向困難妥協。

當亨利的學生並不好受，他是個要求十分嚴格的老師，學生必須得達到亨利的要求，即百分之百的正確。如果學生犯錯，亨利就會毫不客氣地進行懲罰。

在第一天上課前，亨利對學生們說：「我不是一個輕易滿足的人，我不喜歡好的學生，只喜歡特別優秀的學生；我不喜歡較好的譯文，只喜歡最正確的譯文。你們每天的成績必須達到最佳，發音必須達到最標準，翻譯必須達到最準確。如果你們出現錯誤，那我就會毫不留情地懲罰你們。有誰弄錯了一個單字，那他就要在黑板上寫上 10 遍這個單字的正確寫法。如果再犯下類似的錯誤，那就寫上 100 遍。」

　　亨利在批改學生的作業和卷子時，態度也十分認真、嚴苛，他會揪出錯誤的地方，然後寫上十分不客氣的評語。亨利每天都堅持這樣做，從來不懈怠。在學習《荷馬史詩》時，亨利要求所有的學生每天都要背下 5 行，而且必須準確無誤。為此，學生們不得不每天早早起床，然後開始背誦亨利交代的課文。在課堂上，如果有學生出現了發音上的錯誤，那麼亨利就會讓所有學生從頭開始。

　　如此繁重的課程給學生帶來了巨大的壓力，不少學生在讀書時都很吃力，十分厭煩背誦整部作品。面對學生們的抵觸情緒，亨利不僅沒有放棄，還逼迫學生堅持下去，直到學生完成了他所規定的任務。

　　亨利很少會誇獎學生，在他看來絕大多數學生還是沒有達到他所規定的完美目標，學生們在追求完美的道路上還得繼續前行。

　　完美者希望自己能做好一切，因此會為自己設下追求極致的目標，當出現小錯誤時，完美者就會立刻注意到，開始把所有注意力都集中在改正錯誤上。完美者通常會把工作當成一項事業去完成，他們會從工作中體會到成就感和滿足感。如果他們認為自己的工作達到了完美的狀態，那麼他們就會充滿了成就感，整個人都會變得快樂起來。

　　完美者不僅要求自己達到完美，還會將這種要求強加在

別人身上，讓他人完全按照自己的要求去做，也成為一個完美的人。因此當別人出現錯誤時，完美者會敏銳地察覺到，並且去糾正，然後督促對方改正錯誤。

如果完美者與完美者相遇，那麼他們就會十分欣賞對方，會在對方改正錯誤的時候伸出援助之手，對對方表現出足夠的耐心，甚至會欽佩對方為追求完美而付出的努力。

並不是所有人都像完美者一樣，追求達到極致的完美，許多人會覺得完美者未免有些吹毛求疵，這樣會激怒完美者。完美者會覺得這些人得過且過，根本沒有責任心，於是完美者就會變得十分苦惱。

對於一些人而言，完美主義者追求完美的態度甚至有些病態，因為完美者總是在意那一點小小的錯誤，有時這種錯誤甚至是不可避免的，但完美主義者卻緊抓著不放。

完美者雖然能從工作中獲得成就感，但也會使自己陷入壓力之中。在完美者看來，完美是一種目標，只要透過努力就能達到。但現實卻是，即使已經盡全力了，還是無法達到完美的狀態。這時，完美者就會變得憤怒起來，每天都會生活在自我批評的焦慮之中。不少完美者會將所有的錯誤都推卸到他人身上，這樣就能擺脫自認為干擾了自己的東西，於是完美者就開始針對周圍的人，開始挑別人的毛病，認為自己沒有出錯，都是別人出錯才導致了不完美的局面，好像自

己所掌握的就是真理，其他人都是錯誤的。

有時候，完美主義者並不會輕易表達自己的憤怒和不滿，在他們看來這些是壞情緒，但是他們卻會表現得焦慮和緊張，會給周圍人帶來壓抑。周圍人甚至會覺得完美者將憤怒發洩出來更好一些。

完美者由於對自己有著超高的要求，因此會給自己帶來很大的壓力，每天都在為目標而努力，時間好像總是不夠用一樣，很難使自己放鬆下來。

為他人服務
—— 助人者

　　韓美蘭是小說《飄》（ *Gone with the Wind* ）中的一個女性角色，具有典型的助人者性格特點，她擁有許多女性的優良特質，例如溫柔善良、寬厚待人、隨時都能給予他人幫助，與女主角郝思嘉形成了鮮明的對比。

　　衛希禮的紳士風度與英俊的外表輕易俘獲了郝思嘉的芳心，但衛希禮卻與韓美蘭訂婚了，這讓郝思嘉備受打擊。郝思嘉既漂亮又迷人，永遠都是舞會上的焦點人物，她也很喜歡參加舞會和郊遊之類的活動，因為這樣能滿足她的虛榮心。而韓美蘭的長相很普通，在郝思嘉看來，韓美蘭根本配不上衛希禮，於是她就說服衛希禮與她一起私奔，被衛希禮婉言拒絕了，郝思嘉的女性魅力一下子就被否定了，氣急敗壞的郝思嘉給了衛希禮一記耳光。

　　郝思嘉為了挽回面子，就賭氣似的突然決定與韓查理結婚，她覺得這樣做可以刺激一下衛希禮和自己的追求者。於是，郝思嘉就成了韓查理的妻子。不久之後，南北

戰爭爆發了，韓查理上了前線，並死在了前方，郝思嘉一下子變成了寡婦，但她並不傷心，甚至慶幸，這下她又恢復了自由身。

不久之後，衛希禮也上了前線。郝思嘉難以忍受寡婦的生活，就接受了韓美蘭的邀請，到亞特蘭大的韓查理的姑姑家去生活。隨著戰事越來越吃緊，亞特蘭大的婦女們全部被動員起來，韓美蘭報名成為醫務人員，照顧從前線運回來的傷病員，還會參與為南方邦聯軍隊縫製軍需品的活動。

南方聯軍在前線連連敗退，甚至連南方邦聯的首府亞特蘭大也守不住了，於是韓查理的姑姑準備與人們一起離開亞特蘭大。郝思嘉則準備回家，因為她接到了父親的信，父親告訴她母親和妹妹們都得了重病。可是此時的韓美蘭已經快要臨盆了，韓美蘭不能離開亞特蘭大，郝思嘉只好選擇留在韓美蘭的身邊照顧她，因為她不想辜負衛希禮的囑託。

戰亂期間，所有的秩序都不存在了，郝思嘉和韓美蘭只能相依為命。一天晚上，一個強盜闖入了家中，郝思嘉在自保的情況下殺死了這名強盜。這對於從來沒殺過人的郝思嘉來說是個不小的刺激，韓美蘭卻顯得很鎮定，她不停地安慰郝思嘉，告訴她這麼做是對的。

戰爭結束後，衛希禮回來了，郝思嘉開始在他人的幫助下做生意賺錢。衛希禮和韓美蘭在參加完郝思嘉父親的葬禮

後回到了亞特蘭大，在當地，善良正直的韓美蘭很受歡迎，婦女們都非常尊重她。

後來，郝思嘉不顧眾人反對執意與白瑞德結婚，白瑞德是一個很會賺錢的商人，甚至在戰亂時也會想方設法地大發國難財。雖然郝思嘉也很愛白瑞德，但她依舊對衛希禮念念不忘。

在衛希禮過生日的那天下午，郝思嘉和衛希禮相談甚歡，他們都很懷念戰爭發生前的生活。這件事情被白瑞德和韓美蘭知道後，白瑞德帶著女兒離開了，韓美蘭不僅沒有生氣，反而在郝思嘉認錯的時候安慰郝思嘉，她對郝思嘉說，郝思嘉是她最親的親人。韓美蘭還在大家面前維護郝思嘉，讓大家相信郝思嘉。不久之後，白瑞德回來了，郝思嘉此時又懷孕了，她很想將這個好消息告訴白瑞德，於是就特意站在樓梯口迎接白瑞德，卻看到白瑞德一副冷嘲熱諷的表情，郝思嘉就與白瑞德發生了爭吵，結果不小心從樓梯上摔了下來，最終導致了流產。白瑞德因此十分愧疚。韓美蘭得知郝思嘉流產的消息後，就專程來照顧她，並且安慰和鼓勵白瑞德。

韓美蘭的健康狀況一直很糟糕，她的身體早就不適合懷孕了，但韓美蘭卻不聽勸告再次懷孕。懷孕讓韓美蘭的健康迅速惡化，已經危及了她的生命。臨終前，韓美蘭將衛希禮託付給了郝思嘉。

韓美蘭的死給衛希禮和郝思嘉帶來了很大的打擊。衛希禮好像失去了主心骨一樣。郝思嘉則突然意識到，韓美蘭不是她的情敵，而是她的親人，一直在保護著她，是她的精神支柱。

韓美蘭的性格特點是典型的助人者，她富有同情心，總是能在別人需要幫助的時候伸出援助之手，並且能全心全意地為他人付出。在他人看來，助人者總是無私地為他人考慮，人們能真切地從他那裡感受到關愛。

韓美蘭死後，衛希禮和郝思嘉都十分痛苦，這是因為助人者是不可或缺的人，當然助人者也想成為這樣的人。助人者從很小的時候起就表現出了利他的一面，他會想盡辦法讓對方感到愉快。在助人者看來，能為他人提供幫助自己就會很快樂，因為這樣才能感覺到自己被需要。助人者從幫助他人的過程中獲得滿足，並且想繼續下去。

表面上看，助人者好像一直在關愛他人，一直不停地奉獻著自己的愛。但在助人者的內心深處，他們卻十分渴望愛，他們希望透過給他人關愛的方式來獲得回報。助人者總想成為別人需要的人，在幫助別人的時候，希望對方將自己看成朋友，事事與他分享，所以常常會以愛的名義介入他人的生活中，內心具有一定的占有欲。如果別人對助人者的幫助無動於衷，那麼助人者就會很失望，會覺得自己不再被需要，甚至會產生被背叛的感覺。對於助人者而言，犧牲自己

以成全別人能為他帶來自我滿足感。

在極端情況下，助人者可能會變成令人倍感壓力的情緒勒索者。當助人者發現不論自己如何付出都得不到回報時，就會產生一種局外人的感受，會產生一種「我付出了這麼多，你怎麼能這樣對我」的心理，助人者無法從中獲得自我滿足，於是就開始變得警惕起來，消極情緒也越來越多。漸漸地，助人者就會用各種方式去籠絡感情，並藉此要脅、操控別人，讓別人產生愧疚之感。助人者從來不會主動表達自己需要什麼，因為他們總是站在對方的角度去考慮問題並隨時為對方提供幫助，因此很少有人會注意到助人者的需求。有些人在與助人者交往的時候，很容易產生愧疚感，會覺得助人者幫助了自己，自己卻無以為報。

助人者只是九種性格中的一種，但會讓許多人產生一種錯覺，即認為自己就是助人者，畢竟在工作和生活中為他人提供幫助是每個人力所能及的。但助人者為他人提供幫助的動機與其他性格是不一樣的，助人者希望在為他人提供幫助的同時能與他人建立起感情上的連繫，他們會為了良好的人際關係而甘願遷就別人，當他們覺得自己被需要時就會很滿足。因此助人者十分在意別人的感受和需求，也能敏銳地感受到別人的需求，當別人接受助人者的幫助時，助人者才能體會到自我價值感。

　　助人者常常會忽略自己的感受和需求，他們就好像一個變色龍一樣，為了迎合他人的需求而將自己塑造成特定的樣子。例如有些兒童就是助人者，他們很討成年人喜歡，因為他們知道怎麼做能讓他人高興，甚至能針對不同的成年人做出不同的表演。

人們眼中的工作狂

── 成就者

比爾·柯林頓是美國第 42 任總統，他是個典型的成就者。柯林頓於 1946 年 8 月 19 日出生於美國阿肯色州霍普市一個小店主家庭。柯林頓從來沒有見過自己的親生父親，他的親生父親在他出生前 3 個月就去世了。柯林頓 4 歲時，他的母親再婚了。

從小學起，柯林頓就是一個品學兼優的學生，在班上的表現十分顯眼，他勤奮好學、興趣廣泛、思維活躍，有很強的競爭意識，總是希望處處拔尖，在讀書的時候總是處於一種爭強好勝的狀態。

有一次學期結束時，柯林頓帶回了一張成績單。成績單上，柯林頓的各門功課都是 A，唯獨「行為」一欄裡卻是 D。柯林頓對此很不理解，他的母親也不理解，就去找學校老師問個清楚。老師對柯林頓的母親說：「他的行為本來沒什麼大問題，但他的反應太快了，每次都會搶著回答問題，其他的同學根本沒機會回答問題，所以就在『行為』這一欄裡給

了一個 D 的評分，希望注意一下。」

這個 D 的評分讓柯林頓記住了這個教訓，他開始在這方面注意自己的言行，但他爭強好勝的性格卻並未改變。對此，成年後的柯林頓也承認了，他是個喜歡表現自己的人，小時候最大的毛病就是話太多。

爭強好勝的柯林頓在 1970 年成功進入耶魯大學攻讀法學博士學位。在這裡，柯林頓認識了希拉蕊，兩人由同班同學發展成了戀人關係，並結為夫婦。柯林頓在獲得法學博士學位後，就決定步入政壇，他將家鄉阿肯色州作為自己的基地，並在 1976 年成功競選為該州的司法部長。不久，柯林頓就成功擔任了阿肯色州第 40 任州長，當時的柯林頓只有 32 歲，十分年輕，被新聞界稱為「孩子州長」。1992 年，柯林頓參加大選，最後以壓倒性的勝利擊敗老布希，成為美國第 42 任總統。

柯林頓的身上有幾個顯著的成就者的性格特點，自信、精力旺盛、有魅力、能吸引別人的注意，並且爭強好勝，常常能出類拔萃。在成就者看來，只有取得成就才能被所有人敬仰，因此成就者會為自己設置一個目標，然後會全力以赴地去實現，希望能以最快的速度去完成。柯林頓的行動就十分迅速，不然也不會年僅 32 歲就成為阿肯色州的州長，還被稱為「孩子州長」。

　　成就者喜歡將每天的時間都安排得滿滿的，不允許浪費一點時間，尤其是在追求目標的過程中。柯林頓在參加連任競選的時候，曾乘坐轎車穿越了 8 個工業州，經常會停下來發表演說。在演講的休息時間柯林頓也不忘討好選民，會用隨身攜帶的薩克斯管為選民們吹奏。在聖塔莫尼卡海濱的時候，柯林頓就曾為選民吹奏了一段，當時他還順手接過搭檔保羅·貝格拉（Paul Begala）遞過來的墨鏡戴起來。第二天柯林頓戴著寬邊墨鏡、吹奏薩克斯管的總統形象就出現在美國各地報刊的頭版上，為他贏得了許多選民的好感。

　　成就者只關心結果，而不在意過程。不論在學習中還是在工作中，成就者都以成功者的形象出現。在成就者看來，學習或工作成績十分重要，是他價值的展現，他會將所有的精力和時間都投入學習和工作之中，是許多人眼中的工作狂。

　　成就者不僅能輕易吸引別人的注意，還具有很大的魅力，會受到許多人的歡迎。

　　柯林頓在連任總統後不久，就與白宮實習生莫妮卡·陸文斯基傳出了桃色醜聞。其實陸文斯基在與柯林頓見面前，並不覺得他有什麼魅力。

　　陸文斯基在白宮工作後不久，就聽到了許多和柯林頓有關的傳言，這位總統喜歡拈花惹草，還很受女人歡迎，許

多對柯林頓心存幻想的女人常常會聚集在一起，她們會討論白宮裡什麼樣的女人會得到總統的青睞並成為總統的地下情婦。

對此，陸文斯基十分不理解，她只在電視上看到過柯林頓，她覺得柯林頓是個老男人，長了一個大大的紅鼻子，還有一頭亂蓬蓬的頭髮，她從來都不覺得柯林頓有魅力 —— 直到見到柯林頓本人之後。

陸文斯基第一次見到柯林頓本人後，她終於明白為什麼許多女人都喜歡和崇拜柯林頓，因為柯林頓的身上彷彿有一種磁場，能輕易吸引別人的注意，並讓人為之傾倒。

成就者十分在意自己的聲望和地位，如果自己受到威脅，那麼成就者就會透過謊言來掩蓋自己的錯誤和陰暗面。

被桃色醜聞纏身的柯林頓曾公開表示自己與陸文斯基沒有不正當的關係，在被逼急的時候，柯林頓會說自己與陸文斯基沒有性關係，他只是接受服務的一方，這根本算不上發生了性關係。直到後來關鍵的證據出現，即一件沾有柯林頓精液的藍色洋裝，這是陸文斯基的紀念品，透過檢驗，藍色洋裝上的精液與柯林頓的 DNA 符合。這下柯林頓再也賴不掉了，他只能向全國發表談話，並向所有人道歉，還得承認自己說謊了，他的確與陸文斯基有不正當的交往。

成就者十分害怕一事無成和失敗，害怕被別人看低，因此會將自己看得非常重要，甚至會扭曲、誇大所取得的成就，在別人看來有一點點自戀和自我膨脹。成就者只會將自己成功的一面展示給他人，即使在面對親朋好友時也是如此，為了保持良好的形象，甚至不惜撒謊。

在親密關係的問題上，成就者會表現得害怕和退縮，當成就者與一個人的關係漸漸變得親密的時候，成就者就會選擇逃避的方式，因為他們害怕別人看到自己的真實面目，因此很難與人坦誠交往。

美國著名歌手瑪丹娜・西科尼（Madonna Louise Ciccone）從小就發誓要統治世界，她一定要取得令人矚目的成就。為了滿足自己的野心，瑪丹娜利用了不少男人，只要一個男人能幫助她的事業更進一步，那她就會想辦法和對方發展成戀人關係。

丹・吉洛伊（Daniel Alan Gilroy）是瑪丹娜的情人之一，當時瑪丹娜剛剛放棄當舞者的夢想，想要加入樂隊，於是她就和丹成了情人，從他那裡學習了一些樂器的基礎知識，並懂得了如何帶著樂手們唱歌，最後瑪丹娜拋棄了丹，開始組建自己的樂隊。

瑪丹娜身上有一種獨特的魅力，吸引著大量的追求者，因此當瑪丹娜的情人十分辛苦。約翰・貝尼特斯（John

"Jellybean" Benitez）是瑪丹娜的未婚夫，他是一位十分有影響力的 DJ，瑪丹娜的第一張唱片就有不少約翰的功勞。在訂婚後不久，瑪丹娜就勾搭上了一個頗有影響力的主編史蒂芬‧紐曼（Steve Newman）。當約翰得知瑪丹娜另覓新歡後，大鬧了一場，瑪丹娜藉此擺脫了約翰，與史蒂芬成了情人。當瑪丹娜成名後，她便向史蒂芬提出了分手。瑪丹娜將分手的理由說得很直白，她認為自己已經成名，能賺許多錢，而史蒂芬根本配不上她，她還直言不諱地說自己想要的只有成功和金錢。

瑪丹娜有著強烈的成功欲望，她無法與人建立起親密的關係，她可以輕易地愛上一個新的男人，當雙方的關係漸漸親密起來的時候，瑪丹娜就會毫不猶豫地甩掉對方。瑪丹娜從來不會在他人面前展現出自己自卑、無助的一面，即使是情人也不會。

拒絕平庸的生活

—— 藝術者

藝術者的性格特點中有一點十分明顯，那就是性情善變、憂鬱，總給人一種多愁善感的感覺。這與藝術者的童年經歷是分不開的。藝術者要麼在童年時曾遭受過遺棄，曾被自己視為最重要的人拋棄過；要麼就是從小生活在一個充滿憂鬱氛圍的家庭環境中，藝術者能敏感地感受到成人身上的痛苦或憂鬱。不少藝術者都認為，他們的性格之所以敏感、憂鬱，與童年時期的情感缺憾是分不開的。

小說《紅樓夢》中的女主角林黛玉雖然沒有遭受過遺棄，但早年喪母，被送到賈府養育，這在林黛玉的心裡無異於被拋棄。林黛玉的父親林如海是前科探花，後來成了巡鹽御史，這在當時可是個肥差。林家不僅是書香門第，還家境富裕，林黛玉又是父母的掌上明珠，自然備受寵愛。林黛玉曾有個弟弟，但長到 3 歲的時候死了。這下，林黛玉就更加受到父母的寵愛，再加上林黛玉很聰明，父母就替林黛玉請了一個家庭教師賈雨村，專門教她讀書習字。後來，林黛玉

的母親生病而亡，林黛玉才被送到賈府撫養。

藝術者都是浪漫主義者，對生活的追求與他人不同，渴望浪漫、藝術的生活，常常生活在幻想中，並透過想像來美化生活。藝術者會給人一種難以接近的感覺，他們喜歡說一些不開心的事情，還很容易產生妒忌之心。

有一次，薛姨媽正在和王夫人聊天，正好周瑞家的來了，薛姨媽就交給周瑞家的一匣子宮花，薛姨媽覺得這些宮花白放著可惜了，就讓周瑞家的送給賈府裡的姐妹們戴。薛姨媽還特意囑咐，給三位姑娘迎春、探春、惜春各兩枝，送給林姑娘兩枝，送給鳳姐兒四枝。王夫人還說，這些宮花留著給寶丫頭戴吧。薛姨媽說，寶丫頭不喜歡這些花兒粉兒的。

周瑞家的先送去給三位姑娘了，然後送給鳳姐兒，最後來到了林黛玉這裡，結果林黛玉不在自己房裡，在賈寶玉那裡玩九連環。周瑞家的進來後就對林黛玉說：「林姑娘，姨太太讓我給你送花兒來了。」賈寶玉一聽立刻問是什麼花兒，還想看看。說著，賈寶玉就將裝著宮花的匣子拿了過來，打開後賈寶玉看到了兩枝漂亮的宮花，林黛玉看了一眼後問道：「這些宮花是只送給我一人的，還是別的姑娘都有呢？」周瑞家的回答說：「各位姑娘都有了，這兩枝是姑娘的。」林黛玉一聽就不高興了：「我就知道！別人挑剩下的就給我了！」周瑞家的聽了，一聲不吭。

藝術者很容易受到情緒的影響，喜歡追求獨具一格並且具有意義的事物，討厭平庸的生活，並認為只有死亡、苦難、悲劇才具有價值。藝術者的品味相比其他人，的確很獨特，他們的衣著、家居布置都充滿了浪漫的藝術氣息。

有一次，賈寶玉被賈政叫走了，林黛玉很擔心他，到了晚飯過後林黛玉才聽說賈寶玉回來了，於是立刻去看他。當時薛寶釵已經先一步到了怡紅院。看門的晴雯正好與一個丫鬟吵架了，正在氣頭上，便將氣都撒在薛寶釵身上，偷偷抱怨薛寶釵三更半夜來打擾他們。這時，林黛玉突然敲門，晴雯正在生氣，連問也不問，就直接說：「都睡下了，明天再來吧！」林黛玉便高聲喊道：「是我，還不開門嗎？」晴雯偏偏沒有聽出來是林黛玉，直接丟了一句：「管你是誰！二爺吩咐了，誰也不准進來！」

林黛玉一聽十分傷心，這時恰逢薛寶釵從怡紅院裡說說笑笑出來。林黛玉想去質問賈寶玉，但唯恐賈寶玉丟臉就沒去。回到自己住處，林黛玉越想越傷心，紫鵑等人看了也沒上前安慰，她們早就習慣林黛玉愁眉苦臉的樣子了。林黛玉一直傷心到半夜才睡著。

第二天便是芒種節，有為花神餞行的風俗，許多年輕女子都會準備一些小物件，然後將它們掛在花枝頭上。此時的林黛玉正在葬花。以前，林黛玉就曾惋惜花落，並且十分擔心這些落花的命運。賈寶玉提議將落花葬在水裡，林黛玉卻

認為大觀園裡的水倒是乾淨，但一流出去，髒水就會把落花給糟蹋了。林黛玉在院內的犄角上找了一處無人的地方，並做了一個花塚，她將搜集來的落花都裝在準備好的絹袋裡，然後將其土葬，林黛玉覺得這樣才是落花最乾淨的去處。

後來賈寶玉找到了林黛玉，當時林黛玉一邊葬花，一邊為落花感傷，並吟唱出了著名的〈葬花詞〉。賈寶玉一聽也很感傷，立刻去見林黛玉並解釋清楚了兩人之間的誤會。

林黛玉的品味也頗具藝術家氣息。在劉姥姥進大觀園時，賈母曾帶著她參觀過林黛玉的住處瀟湘館，賈母對林黛玉屋內的擺設很滿意，劉姥姥甚至覺得林黛玉的住處不像閨房，倒像公子哥的書房。賈母直接笑著說：「這是我外孫女兒的屋子。」等到了薛寶釵的住處後，賈母就非常不滿，覺得她的屋子太素淨，似雪洞一般，什麼擺設也沒有。賈母還要求王熙鳳送些擺設來，王熙鳳笑著說：「她自己不要，我們原來送過，都送回來了。」賈母直接說：「年輕姑娘家的屋子都這麼素淨，我們這老婆子都該去馬圈住了。」從賈母的態度中，就可以看出她對林黛玉的屋內陳設風格是很滿意的。賈母是個養尊處優的貴族老太太，品味自然不會差。

林黛玉還十分有才華。大觀園成立海棠詩社後，林黛玉每次作詩都能輕易奪魁。有一次，許多人聚集在一起作菊花詩，林黛玉作的三首〈詠菊〉、〈問菊〉、〈菊夢〉直接包攬了前三名。

藝術者基本上都是憂鬱的夢想家，每天都生活在美好的幻想世界裡，當現實不如意，他們的夢想破滅時，他們就會變得自閉、沮喪，將自己與其他人隔離起來，可能會藉助酒精或藥物來逃避現實。在極端情況下，會出現情緒崩潰和自殺的行為。林黛玉將所有的希望都寄託在賈寶玉的身上，當得知賈寶玉的婚訊後，她絕望了，身體本來就不好的她最後淚盡而亡。

在工作方面，藝術者會顯得有些任性，他們希望能夠從事一份有意義的工作，能透過工作的方式進行自我表達。如果藝術者所從事的工作沒有創意，每天都是例行公事，那麼藝術者就會覺得毫無意義，他們無法從工作中獲得成就感。這樣對藝術者來說是十分痛苦的，因為他們無法證明自己的獨特性，好像變成了自己最討厭的平庸者。

藝術者的性格中頗有些藝術家的脾性，因為他們渴望別人把他當成與眾不同的存在，不是普羅大眾的一分子，而且無法接受否定，希望能得到別人的讚揚，尤其是讚揚他的才幹。

藝術者頗具才幹和創意，總是能出色地完成工作任務。但當藝術者遭遇挫折時，他卻很容易產生沮喪和悲觀的情緒，會將自己逼入死胡同。藝術者想要走出這個情緒的死胡同，就必須恢復對工作和人際交往的興趣。

天才與瘋子一線之隔
—— 探索者

　　1955 年 10 月 28 日，比爾蓋茲出生了，他的父親是一名律師，母親曾為多個組織的董事會工作，在西雅圖十分有名，西雅圖其中一條馬路就是以他母親的名字命名的。

　　蓋茲個頭矮小，性格內向而靦腆，很少出去與其他孩子一起玩耍，整天都待在自己的臥室裡不出來，為此他的父母很擔憂，甚至覺得蓋茲不正常，還帶著蓋茲去接受心理治療。有一次蓋茲躲在自己的臥室裡不出來，他的母親只好透過電話問他：「你在做什麼？」蓋茲對著電話大喊：「我在思考！」母親問道：「你在思考？」蓋茲回答說：「沒錯，我在思考。妳從來沒有試著思考過嗎？」

　　蓋茲在湖畔中學上學時，與同伴艾倫迷上了一臺笨重的電腦終端機，兩人每天都在研究這個笨重的東西。到了八年級時，蓋茲寫出了第一個軟體程式。高中時，蓋茲與艾倫用 360 美元買了一塊小晶片，並用它啟動一臺機器來分析城市道路交通監視資訊，還專門創辦了一家公司，公司的名字就

叫「交通數據」。在當時，蓋茲所發明的這種設備可以解決許多問題，但市政當局不願意從蓋茲、艾倫這兩個毛頭小子那裡購買設備，認為根本不可靠。

十年級時，湖畔程式設計小組在蓋茲與艾倫的努力下成立了，專門為當地的公司開發軟體，這為他們帶來了豐厚的收入。但蓋茲和艾倫並未因此而滿足，他們想要創立屬於自己的軟體公司，因為編寫軟體是一項公平的遊戲，誰有能力誰就是勝利者。當蓋茲考上哈佛大學後不久就選擇了輟學，他要和艾倫一起創辦微軟公司。後來，蓋茲成為世界上的頭號富翁，被《時代》週刊評價為當今時代的愛迪生和福特，是數位化時代的象徵。

蓋茲無疑是天才式的人物，他擁有超高的智商，在加工提煉資訊方面有著驚人的能力，他的思維甚至都是數位化的。同時，蓋茲還是典型的探索者。當探索者處於最佳狀態時，也就是產生天才的時刻，他們有一種奇特的能力，能輕易地發現事物之間的規律，即使是表面上看起來毫不相干的事物。

探索者對知識有著十分濃厚的興趣，即使不會成為像蓋茲一樣的天才人物，也會成為某個領域的專家。當探索者發現自己感興趣的領域後，就會全身心地投入其中，甚至會將自己與外界隔離開來，例如蓋茲小時候就經常待在自己的房

間裡。探索者還具有創新意識和能力，他們會提出新的理論或進行新的發明，常常能做出開先河的發明創造。當然探索者也不一定會成為知識型的人才，也可能從事藝術類的工作，如果他們有藝術天賦，那麼就極有可能會創造出一種全新的藝術形式。

通常情況下，探索者都會顯得很冷靜，總想與身邊的人和事拉開一定的距離，不會出現亂發脾氣的情況，在很多情況下都不會置身其中，就好像一個旁觀的局外人一樣。但如果有人侵犯了探索者的私人空間，那麼探索者就會變得焦慮不安起來，例如著名物理學家阿爾伯特·愛因斯坦。

阿爾伯特·愛因斯坦的第一任妻子是米列娃·馬利奇，愛因斯坦之所以會選擇米列娃做自己的妻子，主要有兩點。第一點，米列娃比愛因斯坦年長 3 歲，而愛因斯坦又生性散漫不修邊幅，米列娃可以在生活上照顧他。第二點，米列娃與愛因斯坦有著相同的愛好和志向，能與愛因斯坦討論科學問題，很少有女孩能滿足愛因斯坦的這個要求。

米列娃的婚後生活並不幸福，愛因斯坦好像一個形式上的丈夫，對家裡的一切事務一概不管，甚至還寫信要求私人空間。愛因斯坦寫了一封信給米列娃，聲稱想要保持這段婚姻，就必須滿足以下四個條件：第一，確保衣物、被褥的整潔；確保一日三餐；確保工作房間的整潔；特別是辦公桌不

能讓別人使用。第二，不要來打擾我，不要讓我和妳一起聊天、外出或旅行，除非出席社交活動。第三，在與我交談的時候，如果我要求，必須立刻終止，然後無條件地離開臥室或工作的房間。第四，不要在孩子面前蔑視我。

天才與瘋子之間往往是一線之隔，探索者常常會走向兩個極端，即天才和瘋子。對於天才而言，他們的想法雖然不被常人所理解，但他們的想法並不脫離實際，不會將自己的想法強加在現實上，因此天才能正確地理解現實，甚至會發現新的現實模式。但對於瘋子來說，他們始終活在自己幻想的世界中，會把自己腦海中的模式強加在現實上，瘋子往往會與現實世界脫離。

西元 1877 年，24 歲的文森·梵谷決定成為一名能為窮苦人帶來救贖的神父，因為梵谷自認為肩負著一種崇高的宗教使命。為了能成為一名合格的神父，梵谷開始努力讀書，並且為考入阿姆斯特丹大學的神學系做各種準備。後來梵谷因為語言問題放棄了。

不久之後，梵谷就以牧師的身分前往比利時南部的煤礦區，在那裡梵谷親眼看見了礦工們的勞苦，感同身受的梵谷決定對這些礦工進行救贖，可是過激的梵谷卻被剝奪了牧師的職務。無奈之下，梵谷開始系統地學習繪畫，並且決定要成為一名畫家。

　　或許正是因為這份強烈的同情之心，梵谷才能畫出〈吃馬鈴薯的人〉這樣的作品。後來，梵谷開始接受弟弟西奧的資助，學習藝術和繪畫。在學習繪畫的時候，一個名叫克拉希娜‧瑪麗亞‧霍爾妮克（Clasina Maria Hoornik）的女人成了梵谷的模特。最後梵谷和霍爾妮克同居了，梵谷也因此染上了淋病。

　　霍爾妮克既然是梵谷的繪畫模特，就一定有相應的作品，這幅作品被梵谷命名為〈憂愁〉。霍爾妮克的身分是一名妓女，不是那種讓男人魂牽夢縈的交際花，而是卑微的娼婦。大多數畫家在創作人體繪畫作品的時候都會選擇頗具美感的模特，這或許也算是對美的欣賞。但在〈憂愁〉這幅繪畫作品中，這位名叫霍爾妮克的模特沒有絲毫的美感，其肉體已經在窮苦的生活中被摧殘得憔悴不堪。我們甚至可以看出霍爾妮克當時還懷有身孕，因為畫中霍爾妮克的腹部高高隆起。對於霍爾妮克來說，腹中孩子的父親或許是某個她自己也沒有印象的嫖客。在那個時代，墮胎對於女性而言常常比生產還要面臨更大的生命危險。所以即使霍爾妮克不想生下這個孩子，也必須選擇生下來。

　　當時梵谷還沒有表現出明顯的瘋子行為，在周圍人的眼中，梵谷是一個頗有前途的年輕人，曾經是牧師，現在是畫家。可是梵谷與霍爾妮克的同居卻讓人們無法理解，甚至連

梵谷的家人也覺得他這麼做令家人蒙羞。

面對重重的壓力，霍爾妮克又沒有令人心動的美貌，那麼梵谷為什麼要執意和這個女人生活在一起呢？更何況霍爾妮克還有自己的孩子，這會讓本來就拮据的梵谷更加貧困。難道是天才梵谷的審美異常？還是梵谷認為霍爾妮克就是自己的靈魂伴侶？或許都不是，梵谷似乎覺得這種做法是一種救贖，能把霍爾妮克與她的孩子從貧困的生活中解救出來。不過不富裕的梵谷對於霍爾妮克來說只是杯水車薪，不久之後霍爾妮克就又開始接客，畢竟她需要錢來養活自己和孩子。

1887 年，34 歲的梵谷和羅特列克（Henri de Toulouse-Lautrec）、高更、貝爾納（Émile Bernard）一起去巴黎舉行畫展。第二年，梵谷決定去亞爾城成立一個藝術家協會，並且完成了著名的繪畫作品〈向日葵〉。在這幅作品中，許多人都可以從梵谷所選擇的色彩上感覺到強烈的生命力。但一位不識字卻頗具繪畫天賦的老太太在看過梵谷的〈向日葵〉之後說：「他畫的向日葵是在花瓶裡，不久之後就會死掉。」也就是說，這位老太太從梵谷的〈向日葵〉中感覺到了死亡的氣息。如果梵谷真的想表現出具有生命力的向日葵，那麼為什麼不畫生長在土地上且面向陽光的向日葵呢？

同年，梵谷還在亞爾城遇到了保羅·高更。梵谷透過與

高更一段時間的合作後，覺得高更是一個十分友好和誠懇的人。事實上，高更和梵谷一樣都是非常具有個人特色的藝術家。但隨著兩人的深交，他們的繪畫觀開始出現差異，兩人為此經常發生十分激烈的爭吵。一天夜裡，兩人又在爭執。憤怒不已的高更摔門而去。而同樣情緒激動的梵谷則手持刮鬍刀緊跟其後，並且割下了自己左耳上的一塊肉（一說是整個割下）。後來梵谷被送進醫院。而高更則在震驚之中匆匆離開亞爾城。

1889 年，36 歲的梵谷再一次陷入癲狂之中。白天的時候，梵谷的創作熱情十分高漲，他會待在自己的工作室內進行創作。但到了晚上，梵谷的靈感就會枯竭，會陷入沮喪的痛苦之中。癲狂的梵谷對於亞爾城的居民來說是個危險分子，沒有人知道他在瘋狂狀態下會做出什麼行為，於是一些居民就向當地政府遞交了一份申請，希望能將梵谷這個危險分子隔離開，梵谷因此被送進了精神病院。與此同時，梵谷也進入了創作的高峰期。著名的繪畫作品〈星夜〉和〈鳶尾花〉都在這個時期完成。1890 年，37 歲的梵谷離開了精神病院，前往巴黎，不久之後在那裡開槍自殺身亡。

瘋子是探索者的另一種極端，他們完全脫離現實，將自己與外界隔離開，他們的自我懷疑會變得越來越嚴重，甚至會覺得身邊所有的人和事都會給自己帶來危險。漸漸地，瘋

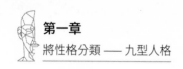
子式的探索者會變得越來越絕望。有些人甚至會進入神志錯亂的譫妄狀態，會恐懼一切，表現出強烈的攻擊性。

除了天才和瘋子兩個極端外，普通的探索者常常會致力於研究某個領域，成為該領域的專家，他們喜愛搜集資料，喜歡從雜亂的事物中總結出秩序和規律。有的時候也會出現脫離現實的情況，沉浸在自己的想像中，或者專注複雜的理念。總之，探索者對知識十分熱愛，知識是他們人生中重要的組成部分。

疑慮帶來的矛盾
—— 忠誠者

　　戴安娜王妃的出身雖然顯赫，但是童年卻過得並不幸福。在戴安娜的印象中，她最恐懼去祖父家，因為祖父所居住的房子對年幼的戴安娜來說是那樣的陰森恐怖。

　　戴安娜的父親是子爵，按照傳統他需要一個男孩，因為只有兒子才可以繼承自己的爵位。可是戴安娜的母親只生了三個女孩，曾經產下男孩但夭折。在當時的人們看來，戴安娜的母親之所以無法生下健康的男孩，是因為患上了一種怪病。戴安娜的母親為了能順利產子，開始了各種檢查和宗教活動，同時還備受家族的歧視。雖然後來戴安娜的母親成功為這個家族生下了一個繼承人，但最終還是離婚了。

　　戴安娜和弟弟不得不與繼母一起生活，對於那時候的戴安娜來說，最快樂的時光就是帶著弟弟探望母親，但這又是十分有限的。後來戴安娜和弟弟上學了，由於父母家庭離異，所以備受其他孩子歧視。在戴安娜 9 歲的那一年，父親把她送到了一所寄宿學校，那個時候戴安娜感覺自己被父親拋棄了。

忠誠者從小生活的家庭背景主要有兩種。一種是父母無法獲得安全的藏身之地，因此他們無法保護自己的孩子，在這種家庭背景下長大的孩子會傾向於尋找一種強大的力量來保護自己。另一種則是忠誠者無法信任父母，因為他們的父母要麼是過度懲罰或羞辱孩子，要麼是對待孩子的態度反覆無常。

對於戴安娜來說，與母親在一起的日子是快樂的，但母親婚姻的不幸導致她無法全力保護自己的孩子。戴安娜的父親似乎從來沒有關心過女兒，不然戴安娜不會覺得父親將她送到寄宿學校就是拋棄她，在戴安娜心裡，她從來沒有對父親產生過信任，她從小在一種安全感缺失的家庭氛圍中長大。

戴安娜與查爾斯王子（今查爾斯三世）的認識十分巧合，那個時候戴安娜認為查爾斯王子會和姐姐喜結連理，但是查爾斯王子卻看上了戴安娜。後來查爾斯向戴安娜求婚成功，不久兩人就舉行了一場十分盛大的婚禮。當時戴安娜才19歲，而查爾斯已經33歲了。

忠誠者會將所有的精力和時間都放在自己信任的人和事上，並且期望權威能給自己的生活帶來安全和穩定。這或許是戴安娜選擇嫁給查爾斯的原因之一，查爾斯不僅是王子，年齡還比她大許多，她相信查爾斯能給自己帶來幸福。

　　婚後的生活並沒有戴安娜所想像的那樣幸福，一方面她與查爾斯之間並沒有共同的興趣愛好。查爾斯是劍橋大學的畢業生，十分喜愛閱讀心理學或歷史學的書籍，但是戴安娜卻對此並不感興趣。查爾斯喜歡馬球和狩獵，但戴安娜因為童年時期騎馬留下的陰影，很不喜歡此類運動。查爾斯喜歡古典歌劇，但戴安娜卻只對流行音樂感興趣。

　　對於剛剛從校園中走出來的戴安娜來說，與查爾斯結婚自然是因為愛情。可是對於情場老手查爾斯來說，選擇這段婚姻的目的並不單純，因為查爾斯的身分是一個王儲，是未來國王的最佳候選人，他需要和一個出身顯赫的女人結婚，然後讓這個女人為他生下繼承人，戴安娜成了查爾斯的選擇對象。不幸的是，這些都是戴安娜不知道的。

　　對於忠誠者來說，安全感十分重要。如果忠誠者感到安全和自在，那麼他就會忠誠於他人，並且堅定不移，因為他們相信權威，按照權威的引導做事。忠誠者有很強的合作精神，他們喜歡群體生活，在為別人做事時能做到盡心盡力。

　　戴安娜王妃是一個十分熱衷於慈善事業的公眾人物，曾經把自己拍賣服飾所獲得的款項全數捐獻給了慈善事業。在許多女孩子的眼中，戴安娜王妃就是她們努力的目標，因為戴安娜王妃擁有許多女孩所渴望擁有的東西，例如美貌、聲望和權力等。

忠誠者如果感覺不到安全，那麼就會一直保持著很強的警惕性，會想到最壞的結果，並做最壞的打算。這時，忠誠者會充滿了矛盾和疑慮，甚至會反抗權威。

查爾斯在與戴安娜結婚前，就是有名的花花公子，他從來沒打算因為結婚就放棄原來的生活方式。在他眼裡，戴安娜只是一個沒有主見的孩子，理應唯他馬首是瞻。

婚後不久，戴安娜的安全感就開始漸漸消失，她對這段婚姻開始變得警惕起來。有一次，戴安娜發現查爾斯的日記本裡掉出來兩張卡蜜拉的照片。還有一次在招待埃及總統和夫人的晚宴上，查爾斯戴了一副新袖扣，扣子的形狀是兩個糾纏在一起的「C」，這是卡蜜拉送給查爾斯的禮物。

丈夫的出軌讓戴安娜變得恐懼不安起來，她對王室生活開始充滿了疑慮，她不再那麼忠誠於查爾斯，同時還產生了強烈的自卑感，甚至產生了受虐傾向。

為了能引起丈夫的注意，戴安娜從樓梯上摔了下來。但是讓戴安娜傷心的是，第一個趕到現場的不是查爾斯，而是伊莉莎白二世女王。有不少人認為戴安娜此舉是故意的，是為了讓丈夫重回自己身邊。實際上，這屬於一種憂鬱狀態中的自殘行為。幾個月後，威廉王子（今威爾斯親王）的出生讓戴安娜與查爾斯之間的關係變得緩和起來。但是，維持的時間卻很短暫。

　　很快，戴安娜王妃生下了第二個孩子哈利王子（今薩塞克斯公爵）。但是查爾斯卻非常不喜歡哈利王子，因為哈利王子的出生耽誤他打馬球了。戴安娜也因此患上了產後憂鬱症。為了緩解自己精神上的痛苦，戴安娜還經常出現類似用刀割手腕、腳腕的自殘行為。後來，戴安娜甚至患上了神經性暴食症。每當戴安娜覺得憂鬱的時候，就會出現瘋狂的暴食行為，看見什麼都想填進肚子中。由於戴安娜是一位公眾人物，對自己的外在形象要求很嚴格，所以為了避免暴食所帶來的肥胖，戴安娜在每次暴食之後，就會服用瀉藥，有時候甚至會用物體抵住喉嚨導致嘔吐。

　　戴安娜被這段不幸的婚姻折磨得極度敏感、焦慮和抱怨，在內心深處她希望依賴查爾斯和這段婚姻，但同時她對這段婚姻充滿了悲觀，她一直處於矛盾之中，渴望獲得他人的支持和認可。

　　最終戴安娜不再對自己的婚姻心存幻想。戴安娜在與查爾斯一起出訪印度的時候正值情人節，按照以往的慣例，查爾斯與戴安娜需要在大眾面前獻上情人節之吻，以顯示兩人恩愛的婚姻。可是當查爾斯把嘴巴靠近戴安娜的臉龐時，戴安娜卻轉頭避開了。不久之後，戴安娜就與查爾斯離婚了，由於戴安娜的公眾影響力，她保留了王妃的頭銜。

　　有時候，忠誠者之所以會表現出忠誠，唯他人馬首是瞻，是因為內心充滿了疑慮。這種疑慮會使忠誠者變得小心謹慎，但也會給忠誠者帶來許多麻煩。

向快樂和刺激進發
—— 熱情者

　　約翰‧甘迺迪是美國第 35 任總統，是美國歷史上最年輕的總統，也是美國自由主義的代表。從學校畢業後不久，甘迺迪就參軍了，成為第一批被選定加入美國陸軍的青年。

　　1943 年在一次戰鬥中，甘迺迪所在的艦艇被撞成兩截後沉沒，船上 2 人喪生，11 人落水，倖存者們只能抓著漂在水面上的船殼向一座小島游去。甘迺迪在逃生的時候，還拉著一個被嚴重燒傷的工程師，當船殼沉下海底後，甘迺迪只能用牙咬著傷患的救生衣帶子，並堅持游到了小島上。

　　到了小島後，甘迺迪也沒閒著，而是積極地進行求救工作，最終甘迺迪等人成功獲救。甘迺迪也因為在該事件中表現出的勇氣和決心成了各大報紙的頭條新聞人物，還獲得了許多獎章。

　　「二戰」結束後，甘迺迪開始進入美國政壇。1960 年，作為總統候選人的甘迺迪和尼克森開始了競選，這是美國歷史上第一次總統大選電視辯論。這次的電視辯論不僅影響到競

選的結果，還開啟了一種新型的競選方式，即利用媒體曝光塑造出不同特色的公眾形象。

當時正值美蘇「冷戰」，雙方在軍事、經濟和太空領域都較著勁。當時蘇聯剛剛向太空中發射了一顆人造衛星，這意味著蘇聯在太空領域已經占據了領先地位。此時的美國卻因為公民權利和種族隔離鬥爭等問題鬧得不可開交。就這樣，總統大選開始了。

兩位總統候選人都十分有實力，而且風格不同。尼克森是副總統，有著十分豐富的從政經驗；而甘迺迪則是個充滿了活力的年輕參議員。不過相比之下，甘迺迪的實力稍遜。尼克森39歲就當選為副總統了，有著8年的治國理政經驗。而甘迺迪不僅缺乏經驗，還因為天主教徒的身分處於不利的地位。在大選初期，尼克森相比甘迺迪獲得了微弱的領先優勢。但在夏天過去後，選民對總統候選人的支援開始出現了變化，尼克森的領先優勢開始朝著甘迺迪傾斜。後來時任總統艾森豪的一句話讓尼克森的處境變得輕鬆起來。有記者向艾森豪提問，希望他能列舉出一些副總統的貢獻。當時的艾森豪剛開過一個漫長的記者招待會，此時的他十分疲憊，於是就用了一句玩笑話搪塞：「如果你給我一週的時間，我可能會想起一個貢獻來，但現在我什麼也想不起來。」

這雖然只是一句玩笑話，卻被共和黨當成了為尼克森爭取選票的藉口，共和黨將這句話作為電視廣告的結尾，即艾森豪總統不記得，但選民們會記得。

不久之後，尼克森遭遇了一件倒楣的事情，他在北卡羅萊納州參加競選活動時，不小心撞傷了膝蓋，後來傷口出現了感染，他只好住院。兩週後，尼克森終於出現在公眾面前，但他的狀態卻不怎麼好，看起來很萎靡。

9月26日晚上，尼克森要和甘迺迪一起在芝加哥市中心的哥倫比亞廣播公司進行辯論。當尼克森走出汽車的時候，他摔傷了，膝蓋再次受傷。再加上尼克森的感冒和低燒還沒好，這次的競選辯論對他來說十分難熬，他的狀態嚴重影響到他的正常發揮。

不論是尼克森還是甘迺迪都十分重視這次的電視辯論，希望能透過這種形式向選民們彰顯個人魅力，從而贏得選票。在第一次辯論開始前，哥倫比亞廣播公司為兩人準備了頂級化妝師，但兩人都拒絕化妝。

不過甘迺迪向人呈現出一種健康而有活力的形象，他在經過多場的露天競選後，皮膚已經被晒成了古銅色。而尼克森則因為健康問題，臉色總是很蒼白，而且還帶著鬍渣。尼克森的團隊為了讓尼克森的形象看起來更積極，就為他準備了「懶人刮鬍」，即一種粉末，將其塗抹在臉上，會遮蓋住鬍渣。

在錄製開始後，尼克森因為狀態不佳出了許多汗，汗水導致臉上的「懶人刮鬍」開始融化，鬍渣暴露出來，再加上尼克森的淺灰色西服，讓他整個人看起來更加病態。儘管尼克森在辯論中表現得不錯，但因為這種外在形象讓他損失了許多選民。就連當時的新聞也提到了尼克森的化妝問題，甚至提出是化妝師毀了尼克森。

在進行辯論的時候，甘迺迪和尼克森選擇了不同的互動方式。甘迺迪直視著攝影機的鏡頭來回答問題，好像在和電視機前的觀眾互動一樣。但尼克森卻將目光投向了錄製現場的記者，在電視機前的觀眾看來，尼克森好像在逃避公眾的眼神一樣。

相對於尼克森在電視辯論中病態的裝扮，人們就更加傾向於看起來更具有控制力的甘迺迪，畢竟當時正值美蘇「冷戰」，許多選民都希望美國在這場「冷戰」中拿出強硬的態度，並戰勝蘇聯，而甘迺迪則給選民們一種值得被信任和具有力量的感覺。

一個半月後，大選的結果出來了，甘迺迪以 49.7％ 對 49.5％ 的微弱優勢贏得了總統的寶座。在之後的民意調查中，有超過一半的選民都表示受到了電視辯論的影響，其中 6％ 的選民認為正是電視辯論讓他們做出了最後的決定。

甘迺迪是美國歷史上在任期內支持率最高的總統，甘迺迪在參加總統競選時十分年輕，以至於國會中的民主黨人一開始傾向於讓甘迺迪參加副總統競選，甘迺迪沒有接受：「我對競選副總統沒有興趣，我要競選總統，如果我參加總統競選，那麼我就會在 1960 年取得成功，不然就要等上 8 年，到時候誰知道會出現什麼樣的新面孔，而我就會靠邊站。」

甘迺迪能在 1960 年的大選中勝出，與他熱情者的性格是分不開的。熱情者思維敏捷、興趣廣泛，極具感染力，他們會給人一種生機勃勃之感，充滿了活力、快樂、活潑和親切。

對於熱情者而言，他們的興趣廣泛與尋求刺激是分不開的。熱情者喜歡新鮮的事物，因為他們能從中獲得刺激和快樂。如果讓熱情者生活在一個一成不變的環境中，那麼他很快就會覺得枯燥。

熱情者缺乏耐心，想要做的事情太多，但都淺嘗輒止，很少能堅持下來，因為他們會覺得煩悶。追求好玩、快樂和刺激是熱情者的性格特點之一，因此他們大多數都是現實的享樂主義者，是物質主義者。

在極端情況下，熱情者很容易墮落，不會控制自己的行為，變得隨心所欲起來，甚至會沉迷在酒色之中。墮落中的熱情者會變得越來越憂鬱和絕望，並產生自我毀滅的衝動，出現自殺的行為。

我的地盤，我做主

—— 挑戰者

西元 1769 年，拿破崙出生於法國東南面的科西嘉島上。幼年時期的拿破崙認為自己並不是法國人，希望有一天科西嘉能脫離法國的統治獲得獨立。

9 歲時，拿破崙離開了科西嘉，到異地求學。按照父親的要求，拿破崙進入了一所軍校。在這裡，拿破崙因為身材瘦小總是被其他同學欺負，還因為來自殖民地科西嘉，被稱為「鄉巴佬」。不過由於拿破崙的努力，漸漸獲得了同學們的尊重，並在 1784 年以優異的成績畢業。

挑戰者的童年大都不幸福，因此他們會偽裝成十分強硬的樣子，並認為只有強硬才能生存。通常情況下，挑戰者成長於三種家庭環境。第一種是在家裡經常挨打，漸漸學會用反抗的形式來避免挨打。第二種是常常扮演強硬的角色，不會在人前展現出自己軟弱的一面。第三種是從小就被灌輸強權思想，只有強者才會得到他人的尊重，弱者是被人們所唾棄的。

　　畢業後，拿破崙到巴黎求學。在拿破崙 16 歲時，接到了一個噩耗，他的父親去世。這下，拿破崙本就貧寒的家境變得更加糟糕，他不得不提前畢業。雖然拿破崙不得已放棄了學業，但卻從未放棄學習。他利用部隊服役的閒置時間，閱讀各種書籍，尤其喜愛亞歷山大的戰史。在啟蒙運動的影響下，拿破崙也開始閱讀思想家的作品，其中盧梭的思想深深影響了他。但在拿破崙成為皇帝後，他便開始斥責盧梭的思想和作品。

　　大革命爆發後，拿破崙覺得科西嘉獨立的時機到了，立刻趕往科西嘉，但最後失敗了。不過像拿破崙這樣的軍事天才，遲早會在這種風雲變幻的時代嶄露頭角。

　　拿破崙在協助督政府鎮壓保王黨叛亂後，立刻受到重用。在 1797 年 3 月 2 日，拿破崙被任命為總司令，到義大利打仗。拿破崙擊敗了奧地利，並脅迫奧地利簽訂了對法國有利的條約。這場勝仗讓拿破崙獲得了「法蘭西英雄」的稱號。

　　1799 年，拿破崙在民眾和軍隊的擁護下，發動了政變，由於政變時間是 11 月，正值法國的霧月，因此也被稱為「霧月政變」。這下，拿破崙成為法國的統治者。

　　後來，拿破崙加冕稱帝。在加冕稱帝的儀式中，拿破崙做出了一個意外舉動，他主動拿走了教皇手中的皇冠，然後戴在自己和皇后的頭上。在他看來，他所有的一切都是自己

奮鬥所得，而不是教皇賜予，自然用不著教皇為自己戴上皇冠。在拿破崙的獨裁統治下，法國發動了多次戰爭，死了不少士兵。

挑戰者通常都是強者，他們相信弱肉強食，適者生存。他們非常看重權力，尤其是在自己的領地上，要擁有絕對控制權，他們的地盤只能自己做主，不允許任何人插手。

挑戰者會給人自信、堅強的感覺，具有權威性，會使人產生服從的心理。拿破崙雖然發動了許多戰爭，不少士兵因此而喪命，但他在法國人的心中一直是英雄和偉人。挑戰者有膽有識，為了實現自己的目標願意不懈努力，甚至將自己置於危險之地也在所不惜。在拿破崙的統治下，法國成了歐洲霸主，是歐洲許多國家都忌憚的對象，但拿破崙卻根本不在意，他要實現統一歐洲的夢想，為此不惜踏上征服俄國的道路。只是這一次，拿破崙失敗了，他被流放到一座小島上，成了一個名義上的皇帝。

挑戰者極其好鬥，喜歡挑起戰爭，在面對困難時決不退縮，並將困難看成是對自己意志力的考驗；挑戰者喜歡征服他人，透過威脅和報復的方式讓他人對自己屈服。被流放到小島上的拿破崙很快捲土重來。歐洲同盟軍自然不可能讓拿破崙重新掌權，可是面對聲勢浩大的同盟軍，拿破崙毫不畏懼，積極應戰。在滑鐵盧戰役中，拿破崙失敗了，他失去了

皇帝的稱號，被流放到聖赫勒拿島，從此拿破崙再也沒有了東山再起的可能。

挑戰者最具領袖特質，歷史上的不少偉人和英雄都具有挑戰者的性格。對於普通挑戰者來說，他們通常都是環境的主導者，希望可以指揮他人，因為挑戰者有很強的成功欲望，也有很強的控制他人的企圖，喜歡將自己的意願和想法強加到別人身上。

挑戰者常常會以自我為中心，會為了自己的權益而與其他人作對，並且認為自己是中心人物，他人理所應當為自己做出調整，團結一致完成他的目標。如果挑戰者的目標與所有人是一致的，那麼挑戰者就會成為一個積極人物，因為挑戰者具有很強的自信，在完成目標的過程中能起到鼓舞人心的作用。

在極端情況下，挑戰者是十分危險的，因為他們會為了實現自己的目標而不惜一切代價，甚至犧牲所有人的權益也在所不惜。他們會產生毀滅的衝動和行為，破壞一切不服從自己的東西，甚至會表現出反社會的傾向。

退一步海闊天空

—— 和平者

西元 1809 年 2 月 12 日，亞伯拉罕‧林肯出生在肯塔基州哈丁鎮荒郊一間泥土小屋中，這是一個十分貧困的家庭，用林肯自己的話說，他的童年就是一部貧窮的簡明編年史。5 歲時，林肯就開始幫家裡工作。9 歲時，林肯的生母去世了。一年後，林肯的父親再婚，一個名叫莎莉的女人成了林肯的繼母。莎莉是個善良開明的女人，林肯與她相處得很好。由於貧困，直到 15 歲時林肯才有機會讀書，但很快就輟學了，林肯只能利用業餘時間自學。

長大後，林肯想成為一名律師，於是他開始自學法律知識，還特意去聽律師的辯論，細心觀察和學習律師的辯論技巧。林肯為了成為一個稱職的律師，經常在幹活的時候對著空地練習演講的技巧。

24 歲時，林肯墜入了愛河，他愛上了一個名叫安妮的女孩，但安妮卻得了斑疹傷寒，不久就去世了。這給林肯帶來了巨大的打擊，他陷入憂鬱之中，好幾次都想透過自殺來了斷痛苦。

31 歲時，林肯結婚了，妻子是出身名門的瑪麗·陶德。瑪麗與林肯不同，從小生活優越，不僅接受過良好的教育，還能說一口流利的法語。但林肯並未從這段婚姻生活中體會到幸福，瑪麗總是喜歡挑林肯的毛病，斥責他的不是，她告訴林肯自己的夢想是成為總統夫人，這意味著林肯要為總統之位而努力。

林肯是個典型的和平者，他謙卑、和善，並且十分懂得謙讓，在人際交往中很難拒絕別人的要求，給人一種十分溫和的感覺。美國著名人際關係專家卡內基曾評論說：「林肯如果和安妮結為夫婦，那麼林肯會生活得很幸福，但不會成為美國總統。林肯與瑪麗結婚，雖然生活得不幸福，卻可以成為總統。」

和平者不喜歡與別人起衝突，他們渴望能與他人和平相處，盡量避免所有衝突和緊張的局面。他們信奉的人生格言是「忍一時風平浪靜，退一步海闊天空」。對於和平者來說，他們能讓別人的情緒盡快得到緩和和平靜，讓所有人都和諧融洽，讓人們團結在一起。當出現矛盾時，和平者總是最好的調停者。

有一次，林肯和夫人正和幾個內閣大臣在吃晚餐。不知怎麼的，總統夫人突然開始刁難起林肯來：「你吃東西的樣子真難看。不是，你走路的樣子更難看，就好像密西西比河

裡的一隻八爪魚。」在場的人聽到總統夫人的話後，既覺得吃驚，又很尷尬，都放下餐具，等著總統的反應。林肯接過了夫人的話：「是嗎？那我得多吃點，這樣我這隻胖胖的八爪魚就能被端上餐桌了。那味道一定好極了，我覺得還得取個名字，就叫『總統套餐』好了。」在場的人聽到後紛紛笑了起來。林肯運用幽默輕鬆地使就餐的氛圍由衝突、緊張變得輕鬆、愉快起來。

和平者由於善解人意、隨和的性格特點，因此很受人歡迎，即使是對手也不會將和平者看成敵人。林肯在參加總統競選時，主要競爭對手史蒂芬·道格拉斯對林肯的評價很高：「林肯是一個強有力的人物，不僅才智超群、閱歷豐富，還是一個最優秀的競選演說家。」

在林肯任期內，美國爆發了南北內戰，林肯雖然想要廢除奴隸制，但並不想導致國家分裂，更不想引起戰爭，他更希望以和平的方式來實現奴隸解放。不過現實很無奈，南北戰爭還是爆發了。南軍的總司令羅伯特·李將軍（Robert Edward Lee）雖然是林肯的對手，但他對林肯的評價也很高：「儘管我們的政見不同，但林肯是我一生中最佩服的人。」

當衝突出現時，往往是和平者最焦慮的時候，他們喜歡站在中間立場，更傾向於擔任調停的角色，希望可以盡量保

持和諧。如果事與願違，那麼他們就會開始逃避問題，甚至會做白日夢，希望所有的衝突和問題能一下子消失。

和平者不懂得拒絕別人，能敏銳察覺到別人的需求，卻不知道自己到底想要什麼，因此會變得優柔寡斷、缺少主見，會盡量配合別人的安排。因此和平者很容易變得壓抑和消極，在滿足他人需求的時候會產生一種被利用的感覺。

在極端情況下，和平者不願意去面對充滿矛盾、衝突的局面時，他就會切斷一切連繫，讓自己變得麻木起來，會表現出一種極度不負責任的態度，好像這樣做就能遠離一切衝突。

第二章

性格與氣質 —— 生來已有的差異

該如何定義氣質呢？氣質主要由兩方面組成，即情緒和行為差異。一個人性格的形成，與氣質有著很密切的連繫，氣質可以說是一個人性格的地基。

並非白板

—— 測量氣質的六個維度

17 世紀的英國哲學家約翰·洛克（John Locke）曾提出過一種人性哲學觀點 —— 白板說。這種哲學思想認為，人的心靈在剛出生時就像白板或白紙一樣，是潔白無瑕的。後來透過經驗的獲取，人的心靈才有了觀念。總之，洛克強調了環境對人產生影響，而否定先天遺傳所發揮的作用。

洛克的這種哲學思想從 20 世紀開始被運用到教育上。直到如今，絕大多數人在教育孩子的時候，也秉承了這種教育理念。不少人在遇到一些令自己討厭的人時，都會說他教養不好，把一個人所有的行為問題都歸結到他父母的身上。

後來隨著心理學家對兒童發展所提出的理論的普及，這種白板說越來越盛行。一個問題兒童的背後一定有一個充滿了問題的家庭。一個人的行為問題也一定能追溯到他早年所遭遇的病態生活環境。

精神分析和行為主義是心理學領域內的兩大流派，兩個流派在許多觀點上雖然都是對立的，但在教育問題上卻基本

一致，即支持洛克的白板說，認為一個人的性格是後天形成的，不會受到先天因素的影響。而行為主義心理學的創始人約翰・華生（John B. Watson）更是揚言道：「給我一打健康的嬰兒，一個由我支配的特殊的環境，讓我在這個環境裡養育他們，我可以擔保，任意選擇一個，不論他父母的才幹、傾向、愛好如何，他父母的職業及種族如何，我都可以按照我的意願把他們訓練成為任何一種人物 —— 醫生、律師、藝術家、大商人，甚至乞丐或強盜。」不過華生根本沒機會做這樣的實驗，他在一個名叫艾伯特的嬰兒身上進行的條件反射實驗，就已經讓他飽受爭議。

如果拋開這些權威專家的理論，僅僅去觀察一些剛出生的嬰兒，白板說就會被推翻。雖然後天教養對一個人性格的形成很重要，但先天氣質也是不容忽視的。這一點，有兩個或三個孩子的母親應該是深有體會。

瑪麗是一位三個孩子的母親，她有兩個女兒和一個兒子，這三個孩子的年齡都相差不大。瑪麗的大女兒名叫珍妮，在瑪麗看來這是一個十分棘手的孩子，她有時候甚至覺得珍妮是個不懂事的姐姐，總是胡鬧。

當珍妮還是個嬰兒的時候，瑪麗就已經領教了珍妮為所欲為的性格。珍妮很難控制住自己的情緒，不論是在家裡還是在公共場合，都會突然大發脾氣。當珍妮漸漸長大後，瑪

麗開始訓練珍妮養成有規律的生活習慣，例如像大多數孩子那樣學會按時睡覺、進食和排便。這些對於珍妮來說，好像特別困難，在最初學習和接受訓練的時候，珍妮總是大喊大叫。而珍妮的弟弟、妹妹則表現得很乖，讓瑪麗很放心。

當然，珍妮身上也不全是缺點。在瑪麗看來，珍妮是個情緒反應十分強烈的孩子，不論是負面情緒還是正面情緒。當珍妮大哭大鬧的時候，會讓瑪麗覺得心煩；但當珍妮開心的時候，卻會讓瑪麗也覺得非常高興，因為珍妮的快樂具有很強的感染力。

在洗澡的問題上，珍妮也讓瑪麗頭痛不已。最初，珍妮對洗澡有些抗拒，但當她習慣後，就開始享受洗澡的樂趣，把洗澡當成了一件有趣的事情。後來，瑪麗為了節省時間，會安排珍妮和弟弟妹妹一起洗澡。當洗澡結束時，瑪麗會把三個孩子抱出來，然後將他們放到一條浴巾上，準備擦乾並替他們穿上睡衣。

珍妮的弟弟妹妹都能按照瑪麗的安排來，但珍妮卻無法做到，她不肯輕易離開浴缸。當瑪麗將珍妮強制抱出來時，珍妮就會大吵大鬧。瑪麗也試圖說服珍妮，既然弟弟妹妹能做到，她應該也可以。但珍妮根本不聽，她還想在浴缸裡玩一會兒。有時候，珍妮會惹惱瑪麗，於是母女二人便開始上演互相指責的戲碼。

　　每天晚上睡覺之前，瑪麗都會替三姐弟講故事，然後哄他們入睡。瑪麗發現，珍妮真的是個精力十分旺盛的小女孩。當弟弟妹妹快要入睡的時候，珍妮卻毫無睡意，還會不斷說話。當瑪麗指責珍妮，讓她不要打擾弟弟妹妹睡覺時，珍妮就會變得憤怒起來。

　　隨著珍妮漸漸長大，瑪麗對她的擔心越來越嚴重。在瑪麗看來，珍妮是個非常異類的孩子，在家裡父母和弟弟妹妹會包容她，但當珍妮到了上幼稚園的年齡時，她的老師和同學們能接受這樣另類的珍妮嗎？

　　為此，瑪麗便向諮商心理師尋求幫助。諮商師在了解了珍妮的情況後，給出的結論是，珍妮是個身心發展很正常的女孩。而瑪麗之所以會覺得珍妮是個異類，是因為珍妮的性格與她的弟弟妹妹並不契合。珍妮總是用十分強烈的方式來表達自己的情緒，這是她與生俱來的氣質。也就是說，珍妮的快樂強度和不快樂強度是一致的，她會用強烈的方式表達自己的不滿，也會用相同的方式表達自己的快樂。這就是瑪麗會覺得珍妮的快樂具有很強感染力的原因。總之，珍妮是個精力充沛的人。

　　最終，諮商師建議瑪麗，要接受和尊重珍妮的性格特點，沒必要強制珍妮必須遵守家裡的規矩，更沒必要要求珍妮必須和弟弟妹妹保持同步。例如在洗澡問題上，既然珍妮

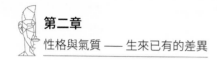
喜歡洗澡，她不想那麼快結束洗澡，那就把水放掉，讓珍妮在浴缸裡多待一會兒，等她自己想出來時再將她抱出來。至於睡覺的問題，珍妮顯然比弟弟妹妹的精力更旺盛，那麼當弟弟妹妹出現睡意時，瑪麗可將珍妮帶到另一個沒人的房間，讓珍妮自己玩耍，直到珍妮有了睡意。

瑪麗按照心理醫生的建議去做後，她與珍妮之間的矛盾越來越少，並漸漸發現珍妮並不是一個不會控制自己情緒的人，之前的珍妮只是在用強烈的情緒表達自己的訴求而已。

許多父母由於受到白板說的影響，從而覺得教育能改變一切，只要教育方式是正確的，就一定能得到一個令人滿意的孩子。但諷刺的是，提出白板說的洛克終身未婚，也沒有孩子。如果洛克去觀察幾個剛出生的嬰兒，那麼就會覺得每個孩子在接受教育之前，並不是一張白紙，不是你教給他什麼，他都會全盤接受。

當一個孩子出現行為問題的時候，父母就會覺得很焦慮，甚至將所有的責任都攬到自己身上，覺得一定是自己的教育方式出現了問題。其實，這不過是父母忽略了孩子與生俱來的氣質而已。

每對父母在教育孩子的時候，都抱有一種期望，並在想像中描繪孩子將來的藍圖。這種期望直接決定了父母在教育孩子時會採取什麼樣的方式，當孩子無法達到期望時，父母就會失

望，並影響到孩子，會使孩子產生過度的壓力和自我懷疑，於是行為問題便出現了。想要解決孩子的行為問題，父母就必須像上述案例中的瑪麗一樣，學會接受和尊重孩子的氣質特點。

心理學上的氣質概念與我們日常生活中所說的氣質並不一樣，而且氣質具有先天性，並無好壞之分。那麼該如何定義氣質呢？氣質主要由兩方面組成，即情緒和行為差異。一個人性格的形成，與氣質有著很密切的連繫，氣質可以說是一個人性格的地基。

每個人的氣質都是不同的，但是為了便於理解和研究，研究者對氣質進行了歸類，並透過測量得出了氣質類型。那麼，應該從哪幾個方面來測量氣質類型呢？通常有以下六個維度。

- 恐懼性痛苦，即當一個人面臨新環境或新刺激時表現出的情緒，這種情緒通常包括猶疑、悲傷和退縮。例如當兩個孩子在父母的陪同下第一次看到有人扮演聖誕老人時，會有不同的反應和表現。其中一個孩子會在好奇和猶豫中，漸漸接近和了解聖誕老人，另一個孩子則會哭著退縮到母親的身後。
- 易怒性痛苦，即當一個人的需求沒有得到滿足時所表現出的痛苦情緒，這種情緒通常包括憤怒或沮喪。例如上述案例中的珍妮，當她想要繼續洗澡的願望沒有得到滿足時，她就會憤怒地大喊大叫。

- 積極情感，即一個人在與他人相處時所表現出的情緒，通常有微笑和大笑，願意與他人交往等表現。

- 活動水準，即一個人的精力，主要展現在肌肉運動上。例如觀察一個嬰兒在爬行和踢打時所耗費的時間，就可以知道他是否精力旺盛。

- 注意廣度和持久性，即一個人在關注感興趣的事物時的表現，主要展現在兩個方面 —— 興趣的廣泛性和在興趣上所耗費的時間。

- 節律性，即一個人生活的規律性。

美國的史黛拉・切斯（Stella Chess）和亞歷山大・湯瑪斯（Alexander Thomas）透過追蹤研究，將氣質類型總結為三大類，即容易型氣質、困難型氣質和慢熱型氣質。後文中我們將詳細介紹這三種氣質類型。

乖寶寶的典範
—— 容易型氣質

　　安娜是兩個男孩的母親，她的大兒子彼得已經 8 歲了，像個小大人一樣；小兒子丹尼斯 6 歲了，卻是個調皮的男孩。在照顧兩個兒子的時候，彼得總是讓安娜很放心，他會很好地控制自己的情緒，也很講道理，並且能按時做好父母交代的事情。但丹尼斯卻讓人很煩躁，他好動，總是和鄰居的孩子打打鬧鬧。對於大多數母親來說，彼得是個難得的乖寶寶。但安娜卻總是為彼得擔心，她覺得男孩子就應該像丹尼斯一樣好動，而彼得太安靜了，根本不像一個孩子，好像身體裡居住著一個成年人的靈魂。

　　在安娜的記憶裡，她雖然是個女孩，但小時候卻像個假小子一樣，到處惹是生非，總會受到父母的責罵。在安娜長大並成為母親後，她就決定要採取一種全新的方式去教育自己的孩子，不會刻意壓抑他們的天性。在安娜看來，丹尼斯顯得很正常，彼得卻有些壓抑了。於是，安娜便向諮商心理師尋求幫助。

根據安娜的訴求，諮商師專門為彼得進行了一次諮商。由於彼得只有 8 歲，因此這次的心理諮商是以玩耍的方式進行的。

最後諮商師得出一個結論，彼得是個身心發展十分健康的小男孩，根本不存在安娜所擔心的心理壓抑問題。彼得是個很懂事的孩子，他有一群關係不錯的朋友，也會參與到朋友們的遊戲中。但在彼得看來，他更喜歡看書和學習。如果彼得是個有心理問題的孩子，那麼他應該會出現一些行為問題，例如學習障礙、做噩夢或有恐慌症。但這些行為問題在彼得身上都沒有出現過。

很顯然，彼得屬於容易型氣質。容易型氣質的孩子是所有成年人心中乖寶寶的典範。此種氣質類型的孩子不僅脾氣好，適應性也很強。對於父母和老師來說，容易型氣質的孩子總是讓人很放心。

在上述案例中，安娜一直擔心彼得是在壓抑自己。但實際上這是因為安娜不了解彼得的氣質類型，也就是說彼得的種種表現只是他的行為風格而已，他的氣質類型與弟弟丹尼斯不一樣，行為風格自然天差地別。

從測量氣質的六個維度來看，容易型氣質的孩子在這六個維度上會有不同的表現。首先是情緒上的，即恐懼性痛苦和易怒性痛苦。

　　恐懼性痛苦主要表現出了一個人的適應能力，即在面對新環境或新刺激時的表現。容易型氣質的孩子有很強的適應能力，會對新環境或新刺激表現出積極的情緒反應，從而輕鬆愉快地接受新事物，也是最快適應新學校的一群人。當一個人尤其是兒童，所處的環境發生新的變化時，會出現不同的適應方式。例如一個嬰兒之前總是在浴盆裡洗澡，當換成浴缸洗澡後，不同氣質的嬰兒會出現不同的反應，這便是他們的適應方式。而容易型氣質的兒童則會很快接受和適應新環境。

　　適應能力還展現在面對陌生人時的表現上。對於兒童而言，陌生人是危險的，因此絕大多數的孩子對於陌生人的第一反應都是負面的。但由於氣質的差異，每個孩子在與陌生人相處的過程中都會有不同的表現，與陌生人相熟所花的時間也不同。對於容易型氣質兒童來說，他們不會出現哭鬧的情況，會安靜地並以較短的時間與陌生人相熟。

　　易怒性痛苦主要代表了一個人在面對挫折時的反應。當一個人的需求沒有得到滿足時，就會有挫敗感，不同氣質類型的人在面對挫折時自然會有不同的反應。對於容易型氣質的孩子來說，他們能很快接受挫折。總之，容易型氣質的孩子在情緒控制上做得很好，就像個小大人。

　　一天早上，一家兒科醫院來了兩個患有急性闌尾炎的男孩，分別是小王和小張。他們年齡相仿，並在當天下午接受

了闌尾切除手術，並且都沒有任何併發症。但到第二天早上時，兩個男孩卻有不同的表現。

在護理師前來病房觀察患者的情況時，就聽到了小王的聲音，他一直在大聲喊傷口痛，好像情況很嚴重。小張則顯得很安靜，一直睜著眼在病床上躺著。如此看來，小王的情況比較嚴重，應該需要大劑量的止痛藥。但護理師在替兩人檢查了傷情後，卻得出了相反的結論。

小王的傷口顯得很乾淨而且縫合嚴密，沒有任何被感染的跡象。但一直很安靜的小張情況卻並不樂觀，他的傷口有些紅腫，而且體溫和脈搏都不正常。

很顯然，小王屬於困難型氣質，他總會用十分強烈的方式來表達自己的痛苦，儘管只是很小的痛感，他也會大喊大叫。這時的小王只是需要情緒上的安撫，他需要被告誡要學會控制一下自己的情緒，避免打擾別人。

而小張則屬於容易型氣質，當處於痛苦中時會控制住自己的情緒，表現得非常安靜，但實際上他卻很痛苦。此時小張不僅需要安撫，還需要在護理師的幫助下解決傷口感染的問題。

當父母想要知道孩子在易怒性痛苦維度上的反應時，可以留心觀察孩子的日常表現，例如當孩子不喜歡吃父母餵來的某種食物時，是大哭大鬧或者只是安靜地將嘴從湯匙上移

開。通常情況下，容易型氣質類型的孩子會表現出和後者一樣的反應。

活動水準是氣質測量的六個維度之一。對於容易型氣質的孩子來說，他們雖然很喜歡和同伴們一起玩遊戲，並且能毫不費力地接受新的遊戲規則，但他們卻更喜歡安靜地閱讀或學習，例如上述案例中的彼得。因此容易型氣質的孩子活動水準並不高，也就是說他們的精力並不旺盛。

容易型氣質的孩子在注意力廣度和持久性上的表現通常不錯，透過他們的課業成績就可以看出來，此種氣質類型的孩子很少會出現學習障礙。

在節律性方面，容易型氣質的孩子得分往往會很高。此種氣質類型的孩子會很快養成定時睡眠和進食的習慣，而且他們的行為習慣也有規律可循。當一個嬰兒長到兩三個月大時，父母就能漸漸摸索出孩子的生活規律，例如每天什麼時候會飢餓、什麼時候會想睡、睡眠時間多長。不同氣質類型的兒童會有不同的生活習慣，而容易型氣質兒童的生活習慣則比較有規律，甚至會像鐘錶一樣準時。

在測量氣質的六個維度當中，容易型氣質的兒童在恐懼性痛苦、易怒性痛苦、積極情感活動水準、注意廣度和持久性以及節律性方面的表現都非常不錯，是讓成年人最放心的一種氣質類型的兒童，因此才被稱為容易型氣質。但在積極

情感這個測量氣質的維度中，容易型氣質的兒童卻不及困難型兒童那樣具有感染力。

　　容易型氣質兒童在表達積極情感時，不會採用大聲笑出來這樣十分強烈的方式，他們通常會用微笑來表達自己的快樂。雖然微笑在人際交往中也算是一種積極的信號，但卻遠不如大笑具有感染力。

活力與麻煩並存
── 困難型氣質

　　月月出生在一個穩定和諧的家庭中，她從被孕育到出生都十分順利，是個十分健康的女嬰。但漸漸地，月月的媽媽小柳就發現照顧月月是件很麻煩的事情。

　　月月的生活習慣毫無規律可循，睡覺和進食都是隨性而為。有時候會睡上好幾個小時，有的時候卻只睡十幾分鐘。當小柳第一次安排月月洗澡時，月月表現出了極大的抗拒，她不停地大聲尖叫。一段時間後，月月適應了洗澡，便不再發脾氣，開始享受起洗澡的樂趣來，每次洗澡的時候都會笑得十分開心。小柳是個很耐心的母親，當她知道月月適應新變化的能力很差後，總會鼓勵月月要積極地面對新變化，每當月月對新變化產生積極的反應時，小柳都會讚賞月月，並給一些獎勵。

　　當月月到了上幼稚園的年齡時，小柳便開始考慮怎麼讓月月盡快適應幼稚園的生活，她知道月月一定會做出十分激烈的抗拒行為。不出所料，月月在第一次去幼稚園時反應十

分強烈,尤其是當父母離開時,她又哭又鬧。

但在父母和幼稚園老師的耐心安撫和鼓勵下,幾週之後月月終於適應了幼稚園的生活。從此之後,月月開始喜歡上幼稚園輕鬆快樂的生活。

很快,月月到了上小學的年齡,這對月月來說是個巨大的挑戰。月月不僅需要盡快地適應新環境、陌生的老師和同學,還需要努力讀書。這與幼稚園裡只需要玩耍的輕鬆愉快的生活有很大差異,她需要面對全新的要求,必須安靜地坐在自己的位置上認真聽課,還要完成作業並參加考試。

這一次,月月真的遇到了難題,她在第一天放學回家後朝父母大發雷霆,並揚言再也不去上學了。小柳等月月平靜下來後對她說:「雖然學校的環境讓妳很不舒服,但是妳得學會適應新環境,這是每一個小朋友都必須經歷的。」月月感覺到媽媽對上學這件事情的態度十分堅決,這與媽媽平常寬容的態度不同,從媽媽的態度中,月月知道第二天她必須得硬著頭皮去上學。

上學的日子對月月來說是悲慘的,她每天回到家都是悶悶不樂的。但在幾週之後,月月開始不那麼沮喪了,她適應了學校的生活,並開始喜歡上學。而小柳從月月的情緒變化中得知,月月已經不再討厭上學了。

在學校裡,月月是個很受歡迎的孩子,她積極而活潑,

在適應了新環境後便交上了許多朋友。月月還很喜歡讀書，對課業投入了極大的熱情，成績也不錯。

在國小快畢業時，月月從老師那裡得知，她將要離開小學，到一個新的學校去讀國中。聽到這個消息後，月月十分憤怒和害怕，她不想離開這裡，並且害怕新的學校，她不知道該怎麼辦，於是就向父母尋求幫助。

小柳並沒有表現出吃驚和不高興的情緒，她顯然已經習慣了，她知道月月每當面臨一個新環境時都會出現這種情況。小柳等月月的情緒漸漸平復後對她說：「月月妳覺得很憤怒，我能理解。妳還記得嗎？在妳剛上一年級的時候也是這樣，妳面對新環境時雖然很容易情緒波動，但當妳適應了之後，妳就會輕鬆愉快起來。相信我，當妳適應了國中的新生活後，一定會變得很快樂！」

在該案例中，月月屬於典型的困難型氣質兒童，此種類型的氣質也被稱為棘手兒童。父母在照料困難型氣質兒童時通常需要付出極大的耐心和精力，因為困難型氣質兒童就是麻煩與活力的並存。

困難型氣質兒童不僅很活躍，而且脾氣暴躁，每當周圍環境出現新變化時就會採用十分激烈的方式來表達自己的不滿，適應能力很差。

在測量氣質的六個維度方面，困難型氣質兒童的表現與

容易型氣質兒童是正好相反的。也就是說，容易型氣質兒童是讓父母最放心的孩子，困難型氣質兒童則是讓父母最費心的孩子。

在恐懼性痛苦和易怒性痛苦這兩個消極情緒的測量維度上，困難型氣質兒童會表現得十分激烈，他們會用憤怒、大哭大叫等激烈的方式來表達自己對新變化痛苦的感受。

雖然在注意力廣度和持久性方面，困難型氣質兒童不如容易型氣質兒童，但卻不會出現注意力障礙的問題。此外，困難型氣質兒童在節律性方面的表現很差，基本上不會有規律可循，例如吃飯、睡覺等生活習慣很難養成規律性。困難型氣質兒童總是很活躍，與安靜的容易型氣質兒童完全不同。因此，困難型氣質兒童的活動水準會很高。

在這六個測量氣質的維度中，困難型氣質兒童的表現似乎都不怎麼讓父母高興，畢竟與容易型氣質的兒童相比，此種氣質類型的兒童簡直就是個大麻煩。但這並不是說困難型氣質兒童就是不正常的，沒有任何優點。

在調查研究中，困難型氣質兒童只占樣本的 10% 左右，在數量上遠沒有容易型氣質兒童多。困難型氣質兒童表面上好像都是壞脾氣，但實際上這只是他們表達消極情緒的方式比較強烈而已。同樣，困難型氣質兒童在表達積極情緒時，也會使用十分強烈的方式，這就是困難型氣質兒童的快樂非

常具有感染力的原因所在。

　　和其他氣質類型一樣，困難型氣質兒童的性格特點有好的一面，也有令人討厭的一面。困難型氣質兒童在面對新的變化時，總會大發脾氣，因為這意味著他必須得讓自己做出調整。但當困難型氣質兒童遇到令人快樂的事情時，往往會表現出極大的熱情，給人充滿活力的感覺。

　　在現代社會，學校生活是每一個人必需的經歷。對於兒童來說，適應學校生活是個很大的挑戰。在學校裡，老師會要求兒童進行一系列複雜的活動。從進入學校的第一天起，不論是父母還是老師都會對兒童產生新的期望。

　　因此對於困難型氣質兒童來說，學校生活更難適應。學校生活一般分為國小、國中、高中、大學幾個階段。每個不同的階段對於困難型氣質兒童都是個巨大的挑戰，因為新的學校不僅意味著要學習更複雜的知識，還要接觸陌生的老師和同學，這些都需要良好的適應能力。而且新學校還有新的要求和規矩需要遵守。

　　容易型氣質兒童有不錯的適應能力，一般可以迅速而愉快地適應學校生活，不會遇到太大的困難。可是困難型氣質兒童由於適應能力差，再加上難以控制住自己火爆的脾氣，會因為新的學校生活而變得暴怒起來，這是在所難免的，因此父母的作用就顯得尤為重要。如果父母的態度平和而且耐

心，那麼困難型氣質兒童就會在父母的支持和鼓勵下漸漸克服對新學校的不適應，並融入新環境中。

卡爾是個困難型氣質兒童，他在兩個月大時，就已經表現出了典型的困難型氣質特徵。每當卡爾的生活中出現新變化時，他的態度永遠是大聲哭鬧，要漸漸去適應。但卡爾卻是個精力旺盛的孩子，很活躍。

卡爾的父親愛德華是個典型的容易型氣質的成年人，他從小脾氣就很好，基本上不會發火，即使遇到令自己十分憤怒的事情時也會很平靜。很顯然，愛德華是個很好相處的人，但他卻非常喜歡那些愛恨分明的人，特別羨慕那些能表達出自己強烈情緒的人，即困難型氣質的人。而卡爾就是這樣的人，他高興的時候會開心地大笑；不高興的時候就會大聲哭鬧，表達自己的不滿或憤怒。

愛德華總是會稱讚卡爾，說他是個精力旺盛的人。當卡爾發脾氣的時候，愛德華也不會排斥卡爾，更不會覺得卡爾是無理取鬧，他會十分耐心而平靜地等待卡爾將壞脾氣都發洩完，然後再和他講道理。

雖然卡爾的困難型氣質給父母的生活帶來了許多麻煩，但愛德華卻從來沒有試圖改變卡爾的性格特點。在他看來，卡爾的脾氣雖然火暴，但卻充滿活力、極具熱情。最重要的是，只要是卡爾覺得沒道理的事情，他都會勇敢且堅定地說「不」。

有一次，卡爾跟著媽媽去百貨公司買東西。卡爾看上了一個價格很貴的玩具，吵著讓媽媽購買。媽媽不同意，卡爾就開始大喊大叫。最後，卡爾被媽媽帶出了百貨公司。媽媽對卡爾說：「你想鬧多久都沒問題，但我要明確告訴你一個事實，我不會因為你的胡鬧而讓你得到想要的東西。」漸漸地，卡爾冷靜了下來，他繼續跟著媽媽逛街，而且十分高興。

在卡爾成長的過程中，父母的引導產生了十分重要的作用。他們既沒有因為卡爾的困難型氣質而感到無助和內疚，也沒有將卡爾寵溺成一個無法無天的巨嬰。隨著年齡的增長，卡爾在面對新環境時越來越能更快地適應，並且能很好地控制自己的脾氣。

在卡爾上大學那一年，他再次遇到了棘手的問題。他在上大學之前，對大學生活充滿了期待和熱情，他認為大學生活能帶給他許多新的、有趣的體驗。但進入大學沒多久後，卡爾的期待就被打破了。大學生活與之前的學校生活完全不同，他不僅無法適應新的學習生活，就連交友都出現了問題。以前的卡爾不僅成績良好，還有許多朋友。但在這裡，他成了一個一無是處的人。

那麼，為什麼會出現這種情況呢？這與卡爾的困難型氣質特點是分不開的。以前的學校生活對卡爾來說也需要花時

間去適應，但由於父母和老師的支持，再加上周圍的同學都是熟悉的社區夥伴，因此卡爾在適應新學校生活時顯得比較容易，並讓他產生了一種錯覺，他自認為是個適應能力強的人。他的適應能力在大學時開始變得捉襟見肘，這裡的一切都是新的，他不僅需要適應一個不熟悉的環境，還需要應對學業上所遇到的一切障礙，最關鍵的是他在大學裡沒有一個朋友，周圍全是陌生的面孔。

卡爾只能向父母尋求幫助。愛德華對卡爾所出現的狀況並不驚訝，他告訴卡爾：「你從小就是這樣，這就是你的性格特點。你對新的變化總是很容易惱火，你最好強迫自己去適應新的環境，不久後你就會從中體會到樂趣。」卡爾用了差不多半年的時間才漸漸適應了大學的生活，重新變回了原先那個快樂自信的人。

並非遲鈍
—— 慢熱型氣質

慢熱型氣質是三大氣質類型之一。該氣質類型兒童的行為風格主要有以下幾種表現：適應力差，對新變化的適應速度十分緩慢，這點與困難型氣質兒童比較相似；不活躍，不會透過十分激烈的方式去表達自己的消極情緒，不會像困難型氣質兒童那樣用大哭大鬧的方式來表達自己的不滿，只會用十分溫和的方式來表達，例如當換了一個新的環境時，困難型氣質兒童會大哭大鬧，慢熱型氣質兒童就會顯得很傷心。

與困難型氣質兒童相比，慢熱型氣質兒童好像不那麼棘手，但該氣質類型的兒童卻並不具備容易型氣質兒童那樣良好的適應能力，因此在適應學校生活上會遇到問題，需要父母的引導和幫助。

小潔從小就表現出了典型的慢熱型氣質，她在適應新的變化時總會充滿了壓力，而且適應過程十分緩慢。小潔在適應幼稚園生活時並未出現很大的困難，因為幼稚園距離家比較近，幼稚園裡的小朋友她也都很熟悉。

　　小學生活是小潔噩夢的開始，她由於適應能力差，很難融入新的生活中。在小潔還沒開始適應新的環境時，老師就已經開始上課。讀書對小潔來說十分困難，她跟不上班上大多數孩子的速度，當同學們已經掌握了幾個簡單的國字時，小潔卻連注音都沒有全部學會。小潔因此成了班上幾個成績差的學生之一，還被老師評價為「反應慢」，在老師看來她就是一個笨孩子。同學們對小潔的態度也不友好，都嘲笑她是個笨孩子。

　　慢熱型氣質兒童由於不活躍、適應緩慢，常常被定義為害羞和內向的性格。這種性格從我們現如今的社會環境看來似乎是存在缺陷的，我們的社會文化鼓勵孩子要積極勇敢，並且將好人緣看成是一項不可多得的本領。但慢熱型氣質的兒童由於內向，常常面臨著被同伴忽視或拒絕的危險。這點在適應新學校時會表現得尤為明顯，當一個人沒有朋友或不被周圍的人所接納時，極有可能會導致自尊心低下，這會進一步影響其適應的速度。

　　在一次考試中，小潔無意外地成了班上的吊車尾，她被老師要求請來了家長。老師對小潔家長說：「一年級所學習的內容還十分簡單，如果連這些都學不會的話，將來會更吃力。現在小潔進度落後，麻煩爸爸媽媽多用點心，利用空閒時間幫孩子多補補課，讓她快點跟上。」

　　小潔的父母並不覺得女兒是個笨孩子，她在學習知識的時候只是有點慢而已。為了幫助小潔盡快地適應國小生活，他們開始利用空閒時間幫助小潔學習注音拼寫。

　　小潔差不多用了一年的時間來適應學校的生活，她的成績不再是班上的吊車尾，開始徘徊在前十名左右。最重要的是，小潔還交到了兩個朋友。

　　在升國中時，小潔用了很短的時間適應了國中的校園生活。因為小潔就讀的國中與國小距離很近，而且班上的同學大多數都是小學同學。

　　在適應新環境的問題上，小潔在高中時又遇到了這個大麻煩。高中學校距離小潔的家比較遠，她必須選擇住校，每個星期才能回家一次。周圍全都是陌生的面孔，老師的教學方式也與國中不同。在第一次段考時，小潔考得十分不理想，她還因此被班導師叫到了辦公室。班導師認為以小潔的會考成績，不應該在段考時考得這麼差。小潔為此也很愧疚。

　　當父母得知小潔的段考成績後並沒有吃驚，母親對小潔說：「以我對妳學習能力的了解，妳一定能出色地掌握高中的課程。但妳從小就是這樣，在一個新環境中總需要花時間去適應。在高中這所新學校裡，妳遇到了陌生的同學，以及與之前完全不同的學習內容。這些在目前看來，的確是不小

的困難，但只要妳有耐心，妳就會漸漸適應，我相信妳用不了一個學期，就會再次回到原來的狀態。」

不出母親所料，小潔在期末考時已經追上了高中的學習進度，成績開始穩步上升，還交到了幾個不錯的朋友。

隨著年齡的增長，小潔對自身的氣質特點有了一定的了解，她開始學著改善自己的個性，從而讓自己以自信的姿態去面對所遇到的困難。小潔知道自己是個內向害羞的人，在遇到新的變化時總會不自在，但每當遇到新問題時，她都不會任由自己退縮，她會告訴自己：「我的性格雖然害羞內向，但我並不膽小。」

每個兒童在面對日常生活中所出現的新刺激時，會有不同的反應，這種行為差異便是氣質。而早期的氣質特點會成為一個人性格的重要組成部分。對於慢熱型氣質兒童而言，他的氣質特點就屬於難以適應新變化，這從他還是嬰兒的時候就會有所表現。他最終會適應出現的新變化，但不是一下子就適應，而是慢慢適應。因此當慢熱型氣質的兒童出現適應緩慢的情況時，不應該輕易給他扣上遲鈍的帽子，他只是需要時間去適應而已。此外，慢熱型氣質兒童還有不活躍、略顯憂鬱的特點，因此該氣質類型的兒童性格特點會有內向、害羞的一面。

內向的性格並不是一種缺陷，只是一種性格特點而已。

在有些文化中，內向的性格似乎並不受歡迎，但在有些文化中，內向、害羞的人卻很受歡迎，例如泰國。在泰國的老師看來，內向的學生更聽話，他們比較喜歡容易型氣質和慢熱型氣質的孩子。像困難型氣質的兒童，在泰國老師看來就是難以管束的，儘管困難型氣質的兒童活躍且充滿了熱情。

　　由於慢熱型氣質兒童在面對新變化時很消極，因此父母的引導就變得尤為重要。在針對慢熱型氣質兒童的引導上，與困難型氣質兒童較為相似，但沒有那麼麻煩。慢熱型氣質兒童不會像困難型氣質兒童那樣會讓父母陷入一種很尷尬的處境之中，從而需要父母更加耐心地進行引導。例如當面對陌生人的友好擁抱時，困難型氣質兒童會大喊大叫，甚至踢打對方；但慢熱型氣質兒童卻只會用扭頭的方式來表達自己的不滿。

　　雖然慢熱型氣質兒童相較於困難型氣質兒童更讓父母安心省力，但還是不如容易型氣質兒童讓父母放心。面對慢熱型氣質兒童，父母需要著重培養孩子的適應能力。

　　首先，父母得讓孩子對新變化產生積極的反應。因為適應能力差，新變化對於慢熱型氣質兒童來說意味著壓力，甚至是焦慮的情緒，想要讓這些負面情緒轉化為積極的因素，就必須讓他從每一次的成功適應中產生成就感。每一次成功適應新變化對於慢熱型氣質兒童來說都是一次超越，一次次

的超越很容易讓其產生成就感,並形成高自尊。

　　其次,在有可能的條件下,讓孩子循序漸進地適應新變化,最好讓其一次只面對一種或兩種新的變化。例如入學,盡量選擇讓孩子在熟悉的環境中上學,如果周圍都是熟悉的朋友,孩子能更好、更快地適應新環境。也就是說,要考慮孩子的適應能力,新變化不能超出孩子的適應能力範圍。

　　最後,切忌避免不讓孩子面對新變化。新變化是每個人都會遇到的情況,適應能力也是我們生存必備的。有些父母發現孩子在適應新變化時會痛苦和焦慮,就不讓孩子去適應新變化。在這種過分保護的氛圍中長大,孩子只會越來越抗拒新變化,適應能力也無法得到鍛鍊。

因材施教
—— 氣質與教養的匹配

　　小張是一名小學四年級的學生，他成績差、性格內向，在班上並不起眼。一個偶然的機會，班導師發現小張的身上有瘀青。有一次，班導師還看到小張的臉蛋上有五個清晰的手指印。小張身上的傷到底是怎麼弄的呢？經了解後班導師才知道是家暴所致。

　　小張的父親老張是個望子成龍的人，對兒子抱著很大的期望。在小張開始上小學後，老張漸漸發現小張的成績跟不上其他同學。為了讓小張跟上其他孩子的學習進度，老張開始安排時間親自教導兒子功課，他希望兒子的成績因此能得到提升。小張的接受能力比較差，剛開始老張還能耐著性子幫助兒子一起查漏補缺。但時間一長，老張的耐心被消磨光了，煩躁、氣憤、恨鐵不成鋼的負面情緒排山倒海而來。從一開始的小責備到破口大罵，最後慢慢演變成了責罰和家暴。這讓本來成績就差的小張變得更加沮喪。

　　每對父母都希望自己的孩子能有一個成功、幸福的未來，但這種期待極有可能會成為孩子的壓力，甚至會造成親子關係的衝突。在上述案例中，老張非常希望自己的兒子是個容易型氣質的人，能自己處理好學習的問題。但很顯然，小張是個慢熱型氣質的兒童，一直無法適應國小的學習生活。因此老張希望小張學習成績優異，對於小張來說無異於一種巨大的壓力。老張的期望與小張本身所具有的氣質特徵形成了一種衝突，於是小張就出現了行為障礙，成績一直無法進步。

　　在成長的過程中，孩子的各項能力一直在不斷地提升。於是父母便會提出新的期許與要求，這些對孩子來說便是新的壓力。例如對於幼稚園的孩子來說，父母的要求就是好好與其他小朋友玩耍。但到了國小，父母除了希望孩子能與同學處理好關係外，還希望他的課業成績優異。

　　來自父母期待的壓力並不一定就會造成孩子的行為障礙。如果父母的要求與孩子的氣質特點相匹配，那麼壓力就會不斷地激發出孩子的潛力；如果不匹配，壓力就只會帶來消極的後果。

　　氣質雖然是先天的，但並不意味著不可改變。不可否認的是，氣質特點在很大程度上決定了我們每個人的適應能力和性格特點。但如果能得到有益的引導，氣質是有可能發生

變化的。這種有益的引導便是氣質與教養的匹配。像上述案例中的小張，如果老張繼續對小張失去耐心並施以暴力，那麼小張將會一直保持慢熱型氣質的特點，自身的缺陷更加明顯。具體表現就是性格更加內向、成績更跟不上其他同學。

按照臺灣法律規定，國小到高中是國民義務教育，兒童年齡達到 6 歲，就要入小學接受教育。在如今的社會中，讀書對於孩子來說十分重要，這也是絕大多數父母所重視的問題。

芳芳的父母都是高學歷，從她很小的時候起，父母就開始重視她的課業，尤其是數學，因為她的父親是某大學數學系的老師。在父親看來，數學是一門很容易學習且非常重要的學科，芳芳必須學好。

小學時，芳芳的數學成績還是不錯的。但到了國中，芳芳的數學成績開始下滑了。原來，芳芳在做題的時候非常仔細，唯恐出現錯誤，這嚴重影響了她答題的速度，於是她的數學成績變得越來越差，漸漸成了班上幾個成績不好的學生之一。

芳芳父母給女兒造成了很大的壓力，芳芳一直擔心自己的數學學不好，漸漸地就對數學產生了焦慮和恐懼，從而導致了注意力不易集中，影響了學習的速度，跟不上老師教學的進度，造成了成績的下滑。

後來，芳芳開始蹺課，成績越來越差。父母不僅沒有幫助芳芳克服讀書上的困難，反而一味地責備芳芳。這使得芳芳成了一個問題兒童。

對於子女，父母總是抱著或高或低的期望。望子成龍、望女成鳳是大多數父母所共通的，試圖透過孩子來實現自己沒有完成的抱負，從而達到證明自己的目的。這些都是正常的心理，但如果期望與孩子本身的氣質不匹配，這種期望就成了巨大的思想包袱，會使孩子產生嚴重的消極情緒。

容易型氣質、困難型氣質和慢熱型氣質是常見的三種氣質類型。對於大多數父母來說，都希望能有一個容易型氣質的孩子，這種孩子就是典型的乖寶寶。容易型氣質類型的兒童在樣本調查中所占的比例也是最大的，高達 40%。而困難型氣質是最令父母頭痛的兒童，也是最需要父母耐心教育的一種氣質類型。

面對困難型氣質兒童，父母很容易變得憤怒起來，極易透過暴力的方式來教育此種氣質類型的兒童，這只會讓情況變得更加糟糕。但如果一味地縱容困難型氣質兒童，則會培養出一個任性妄為的孩子來。

蘇珊是一個 13 歲少女，她生長在一個健康的家庭中，父親是一名商人，母親是一位老師，她還有兩個妹妹。蘇珊是一個充滿活力的少女，她有許多優點，成績也很優異。但蘇

珊卻沒什麼朋友，她總是和周圍的人輕易地發生爭吵，在家裡也總是和父母、妹妹們吵來吵去。

在學校裡，蘇珊的人際交往問題很嚴重，她控制不住自己的脾氣，沒有人願意和一個隨時可能發火的人做朋友。為此，蘇珊的父母為她轉了兩次學。起初，蘇珊的父母認為是學校不適合女兒，在兩次轉學後，他們開始意識到是蘇珊自己出了問題。

蘇珊是個典型的困難型氣質的人，她從小在適應問題上就很困難，在情緒表達上總是採用十分激烈的方式。蘇珊的父母採取了放任式的教養方式，他們認為既然蘇珊的性格天生如此，就沒必要做出改變。

隨著年齡的增長，蘇珊的性格缺點開始展現了。剛到一個學校時，蘇珊那熱情如火的性格會輕易得到老師和同學們的喜愛，人們都喜歡和蘇珊在一起討論問題。但時間一長，同學們便發現蘇珊是一個固執得可怕的人，常常會因為觀點不同與同學發生激烈的爭吵。有時候，蘇珊甚至會打斷老師講課。

在面對困難型氣質兒童時，父母除了要保持耐心外，還要引導兒童學會克制自己的情緒，即學會遵守規則。困難型氣質兒童在遇到不如意的情況時，就會大發脾氣。因此父母應該引導兒童養成保持冷靜的習慣，即不要輕易動怒。對於困難型氣質兒童來說，學會約束和限制自己的消極情緒是十

分重要的能力。如果能得到父母正確的引導，困難型氣質兒童在青少年時期和成年時期已經看不出他本身所具有的困難型氣質了，甚至會被認為是容易型氣質。

在上述案例中，蘇珊的困難型氣質之所以在青春期還一直表現得十分明顯，是由於父母放任式的教養方式。除此之外，還有另外一種經常出現的教養方式，也很容易使困難型氣質兒童出現行為問題，即暴力的教養方式。

淼淼是個 4 歲的男孩，他很愛吃糖果。父母為了限制淼淼吃糖想了不少辦法，但都以淼淼的哭鬧終止。有一天，淼淼的爸爸又看到兒子在吃糖果，就從兒子手中奪走了糖果，還打了淼淼的屁股兩下以示懲罰。淼淼立刻哭鬧起來，一直持續了很長時間才恢復平靜。但這次的懲罰並未取得效果，淼淼依舊很愛吃糖，還會背著爸爸偷吃。

對於困難型氣質兒童來說，父母很容易失去耐心，一旦沒有了耐心，教養方式就極易向著暴力或懲罰的方向發展。這反而會招來更劇烈的反抗，例如更加嚴重的哭鬧。如果長期使用暴力的教育方式，就會使困難型氣質兒童更難控制自己的消極情緒，更容易產生行為問題。

淼淼的媽媽想到了一個好辦法，成功幫助淼淼改掉了貪吃糖果的毛病。淼淼的媽媽注意到兒子很喜歡看一部卡通，

每次播放時他都會全神貫注地觀看。每一次，淼淼都會被裡頭的角色逗得「哈哈」大笑，有時候淼淼還會模仿他們的動作。

在這部卡通中，有一集是描述吃糖有害牙齒的。劇中的主角是個貪吃鬼，很喜歡吃糖果，總是一塊接著一塊地吃個不停。朋友勸了好幾次，主角都不聽。過了一段時間，主角的牙齒開始痛了，原來主角的牙齒因為吃糖蛀牙了。

這個場景給淼淼留下了十分深刻的印象。每當淼淼準備吃糖的時候，他的媽媽就會問：「還記得 xx 的牙齒是怎麼蛀壞的嗎？」淼淼老實地回答道：「吃糖蛀壞的。」說著，淼淼就將手縮了回來，從此吃糖的次數減少了許多。

困難型氣質雖然是最棘手的一種氣質類型，但也有無可比擬的優點，這完全取決於父母的態度。在撒哈拉南部的一個半游牧原始部落裡，困難型氣質成了最受歡迎的一種氣質類型，在該部落的人們看來，困難型氣質兒童就是將來強壯的勇士，是部落裡最重視培養的一群人。

這些勇士在嬰兒時期就十分棘手，哭鬧的時間長且聲音洪亮，能輕易地吸引父母的注意。在父母看來，這些都是活力的表現，意味著孩子身體健康且強壯。而那些容易型和慢熱型氣質的嬰兒，通常不會用如此激烈的方式表達自己的需求，會被認為是身體素養不好，不會成為部落裡的勇士。

在一項調查研究中，研究者發現當該部落遭遇乾旱等危機時，最有可能活下來的嬰兒都是困難型氣質的。當初，研究者在該部落裡找到了一些嬰兒，並確定了 10 名容易型氣質和 10 名困難型氣質的嬰兒。5 個月後，研究者再次來到這個部落。由於經歷了十分嚴重的乾旱，有些家庭已經搬走了。而剩下的家庭中，不少人因為乾旱死亡，其中就包括容易型氣質的嬰兒。除去搬走的家庭，剩下的 7 名容易型氣質嬰兒中，有 5 名已經死亡；而剩下的 6 名困難型氣質嬰兒則全都熬過了乾旱。

為什麼會這樣呢？這與父母的態度有關。由於乾旱，食物嚴重短缺，部落裡的父母在分配食物給孩子們時，更傾向於困難型氣質的嬰兒，因為他們能成為將來的勇士，是父母的驕傲。

第三章

性格與親子關係 —— 生命早期的情感連繫

每個人對於生命早期的經歷都沒有記憶,但這段經歷卻
會影響一個人一生的發展。而在這段經歷中,母親是個
絕對重要的影響因素,因為生命早期我們每個人只能與
母親建立起親密的依戀關係。

活力的喪失
—— 無依戀關係

2016 年 3 月 11 日中午，中國浙江杭州樂園的一名工作人員小馮發現了一個四五歲的小男孩，他獨自坐在遊樂園中，身旁沒有大人陪伴。小馮走上前詢問情況，小男孩說他是跟著爸爸來遊樂園的，但爸爸去上廁所了，之後就一直沒有回來。小馮只能利用廣播找人，過了很長時間都沒人來領小男孩，小馮只好報警。

警方在查看了遊樂園內的監控錄影後發現了小男孩的爸爸，父子二人一起進入遊樂園，父親手中還拖著一個行李箱。但在兩個小時後，該男子就獨自離開了，再也沒有出現過。於是，警察只好將小男孩帶回了派出所，並幫助他尋找親人。

與許多和父母走散的孩子不同，小男孩沒有哭著找媽媽，顯得很平靜，看到陌生人也不害怕。小男孩的打扮很新潮，髮型是很可愛的蘑菇頭，警察因此替他取了一個「小蘑菇頭」的外號。

　　為了迅速與小蘑菇頭的家人取得聯絡，杭州警方透過多種管道發布消息，希望小蘑菇頭的家人看到後盡快來派出所帶他回家。

　　最終，小蘑菇頭爸爸的身分得到了確認，即帶小蘑菇頭進入杭州樂園後獨自離開的那名男子。該男子名叫徐某，31歲，有一個名叫浩浩的兒子，與小蘑菇頭長得很相似。不過徐某的電話卻一直打不通。

　　3月14日，派出所來了一名方姓女子，她聲稱是小蘑菇頭的母親，她告訴警察自己有兩個兒子，小兒子名叫浩浩，也就是小蘑菇頭，今年還不到5歲。方女士還告訴警方，在浩浩的左手手腕處有一道疤痕，這是一次醫療事故留下的。方女士所提供的資訊與警察所掌握的資訊十分吻合，於是警察就帶著方女士去見浩浩。

　　浩浩見到方女士後，並不親熱，好像根本不認識她一樣。這讓警察懷疑起來，難道方女士是個騙子，來派出所冒領孩子了？方女士立刻解釋道，她真的是浩浩的媽媽。浩浩之所以不認識她，是因為他們很長時間沒見面了。自從方女士與徐某離婚後，就離開了兩個孩子，她再也沒見過孩子，直到今日已經兩年多了。昨天，方女士在網路上看到了孩子被丟棄在遊樂園的新聞，於是立刻趕到了杭州。

　　方女士還告訴警方，徐某對兩個孩子都不錯，應該不會

做出丟棄孩子的事情來。不過方女士還向警方提供了一條新線索，她說徐某交了一個新女友，姓杜。警方旋即找到了小杜。

小杜告訴警方，她和徐某的確是男女朋友的關係，不過在春節前已經分手。在事發前的一天，小杜接到了徐某的電話。徐某提出要和小杜見面，小杜並不想見徐某，但徐某的情緒很激動，她擔心出意外，就答應與徐某見面。在兩人見面時，徐某是獨自一人來的，並沒有帶孩子。

對於浩浩這個孩子，小杜說她認識他。在她和徐某談戀愛的時候，就曾帶著浩浩出去玩，浩浩有時候還會喊她媽媽。對於徐某丟棄孩子的行為，小杜表示她很意外，在她印象中徐某對孩子很好，不像會做出丟棄孩子這樣的事情。小杜雖然有徐某的聯絡方式，但卻打不通徐某的電話。方女士雖然是浩浩的親生母親，但在離婚協議裡，浩浩的撫養權歸徐某所有，因此警方不能將浩浩交給方女士。就在警察為難時，一名姓徐的老年男子來到了派出所。

老徐自稱是浩浩的爺爺，他是從網路上看到了孩子被丟棄的新聞，然後匆匆從香港趕了過來。老徐說，他在得知孫子被丟棄的消息時十分生氣，立刻打電話給徐某，但電話根本打不通，於是他就只能親自來了。在老徐的幫助下，警察終於聯絡上了徐某。

2016 年 3 月 16 日，徐某出現在了派出所。但是徐某和浩

浩這對父子的反應讓許多人都很意外，他們既沒有交流，也沒有做出親密的動作，浩浩對爸爸的態度十分冷淡。

徐某對警察說，他丟棄浩浩完全是臨時起意。他與女朋友小杜的感情很好，但最近卻出了問題。在他帶著浩浩去遊樂園的時候，突然接到了小杜的電話，小杜告訴他自己要結婚了。這個消息對徐某的打擊很大，他的情緒一下子就崩潰了，於是就丟棄了浩浩。

對於徐某的這番說辭，警察並不相信。在警察看來，徐某的丟棄行為是蓄意而為。因為徐某是拖著一個行李箱帶浩浩來到了遊樂園，而行李箱裡都是浩浩的衣物，沒有徐某的，很顯然徐某來遊樂園的目的就是丟棄浩浩。最關鍵的是，在浩浩丟失後，徐某不僅沒有報警和尋找，反而一直迴避警察的聯絡。最終，徐某終於承認自己是蓄謀丟棄浩浩的。

那麼徐某為什麼要這麼做呢？原來徐某在與方女士離婚後，他要照顧兩個孩子，根本忙不過來。後來徐某就請了一個保母來照顧兩個孩子。但到了 2014 年年底，徐某因為生意失敗賠了不少錢，再也請不起保母了。沒了保母，徐某漸漸覺得兩個孩子成了負擔。

因為沒有時間帶孩子，徐某只能將孩子託付給親朋好友。徐某將大兒子送到大哥家，到了晚上再接回來。至於小

兒子浩浩，徐某想到了寄養的辦法，將浩浩寄養在朋友家裡，一段時間換一家。

最終，徐某因涉嫌遺棄罪被警方刑事拘留。在徐某被拘留的這段時間內，浩浩再次寄養在徐某的一個朋友家裡。浩浩的爺爺由於還要回香港工作，因此不能將浩浩帶在身邊。

對於幼兒來說，情感依戀是一項十分重要的心理需求。一個人從出生起就能與其他人產生情感上的交流，並對養育者形成情感依戀。通常來說，養育者都是母親，即幼兒對母親有著十分強烈的依戀，並能從依戀中獲得安全感和快樂。

但是在現實生活中，總有各式各樣的原因，導致幼兒無法對母親產生情感依戀。當然，母親不是絕對的依戀對象，在幼兒與母親長期分離的情況下，如果有人能代替母親成為養育者，那麼幼兒就會對這個人產生情感依戀。

如果幼兒沒有可依戀的對象，就像上述案例中的浩浩，頻繁地更換監護人，這樣會在幼兒的心靈上留下陰影，並影響性格的形成。而且研究顯示，許多成年時期出現的心理問題，其根源都來自幼兒時期的心理陰影。

人際關係是每個人都無法逃避的，與他人產生連繫也是我們的心理需求之一。在遠古時代，我們的祖先選擇了群居的生存方式，每個人都受到群體的保護，這使得每個人的生存機會大大增加。為此，孤獨成了人們所無法忍受的狀態，

對人際關係的重視也根深蒂固地存在於我們的本能之中。

如果幼兒無法對養育者產生依戀，那麼就會漸漸喪失與人交流的興趣，會變得以自我為中心，從而影響性格的發展。

心理學家約翰‧鮑比（John Bowlby）在研究幼兒與母親的依戀關係時，發現了一個規律，即幼兒在與母親分離時常常會經歷三個階段。鮑勃的研究對象是一群 15 ～ 30 個月的幼兒，他們因為生病住院接受治療，為此不得不長期與母親分離。

當幼兒剛剛與母親分離時，會表現出極大的反抗，不停地哭叫，期望母親回到自己的身邊。這是第一階段，即反抗期。

一段時間後，幼兒漸漸意識到母親是不可能回到自己身邊了，於是不再哭叫，開始變得悲傷起來，對周圍的一切都表現得十分冷淡，對心愛的玩具也提不起興趣。這是第二階段，即絕望期。

漸漸地，幼兒開始玩玩具並對護理師產生了興趣。但是當母親來探望幼兒時，幼兒的表現十分冷淡。當母親離開時，幼兒不再會表現出十分激烈的反應。這是第三階段，即冷漠期。

在上述案例中，浩浩的情況與兒童冷漠期的表現非常吻

合。他在被父親丟棄時，沒有哭叫的反應，很顯然，他早就在輾轉的寄養經歷中切斷了與父親之間的依戀關係。在父親出現時，浩浩顯得非常冷漠，好像對待一個陌生人一樣。

這種早期的依戀關係對於一個人的成長十分重要，是一個人性格形成的必要條件。如果一個人的生命早期無法對一個人形成依戀關係，那麼他就會生活在痛苦和絕望之中，這些都會對他的性格造成消極的影響。

依戀關係有許多種，其中最糟糕的一種就是無依戀。顧名思義，幼兒沒有對任何一個人產生依戀。這種情況通常出現在一些不健康的家庭中，即父母忽視或虐待孩子。此外，在育幼院這種情況也十分普遍。

在 1940 年代，歐洲一些國家的育幼院內，幼兒們無法對養育者形成依戀。育幼院內的工作人員每天要負責大量的工作，平均每個人要照顧十幾個幼兒，根本沒時間與幼兒發展情感上的依戀關係，只能做到替幼兒洗澡、換尿布和餵奶等基本工作。

起初這些幼兒會和正常幼兒一樣，渴望能與養育者互動，會做出微笑等表示友好的動作，有時也會用哭叫來引起養育者的注意。但這些都沒有得到養育者的回應，漸漸地幼兒的行為開始變得不正常起來。

長時間生活在育幼院的幼兒，就好像一個沒有生命的玩

偶一樣，一點孩子該有的活力都沒有，整個人顯得呆呆的，不會主動與周圍的人產生互動，顯得十分憂鬱。當一個人主動接近他時，他會有一點點的反應和活力。可是一旦沒人主動與他互動，他就會重新變得呆若木雞。

在這種無依戀狀態下長大的幼兒，會出現許多問題。在其幼年時期，行為問題並不顯著，主要表現有進食障礙和生理問題。但隨著年齡的增長，行為問題變得越來越嚴重，與正常人相比，他們的智商更低、語言技能差、攻擊性強、不合群、難以與他人相處。

對於育幼院的孩子來說，如果能儘早被人收養，那麼就能漸漸從無依戀的陰影中走出來，並與養父母建立正常的依戀關係。如果一個幼兒在育幼院裡待的時間超過了三年，那麼他即使被收養了，也很難與養父母建立起正常的依戀關係。由於無法與養父母進行安全的互動，此類幼兒長大後，性格更孤僻，很難交到朋友，還會經常惹麻煩。

第二次世界大戰結束後，羅馬尼亞由於經濟低迷、人口銳減，政府開始鼓勵人們生育，並且規定每個育齡婦女至少要生 4 個孩子。過多的孩子勢必會給家庭帶來沉重的負擔，許多家庭便選擇將孩子送到政府出資的國家教養院，在這裡接受批量撫養，這裡的孩子也因此過早地進入了集體生活。

教養院的生活與育幼院無異，20 ～ 30 個人共同生活在

一個房間裡，一個工作人員要同時照顧 10～20 個幼兒，每個孩子都生活在無依戀的狀態中。這些孩子長大後都出現了行為異常，無法與人交流，總是獨自坐在角落裡，甚至會出現像自閉症一樣的某種刻板行為，如不停地前後搖晃。

1990 年，羅馬尼亞的政治和社會轉型後，教養院裡的許多孩子都被美國、英國和加拿大的家庭領養。在領養的家庭裡，這些孩子出現了許多行為問題，並引起了人們的注意。在美國，一部分孩子被送到了底特律兒童醫院接受大腦斷層掃描，結果發現他們的大腦發育與正常人不同，海馬迴和杏仁核等許多部位都不正常。這說明，無依戀會導致情感發育不良，並會直接影響大腦的發育，從而造成病理性的改變。這種病理性的改變是不可逆的，就好像一個人在長身體的時候營養不足，無法長高。一旦錯過了這個黃金期，以後即使營養再充足，也無法長高了。

像育幼院、教養院這種情況，在如今的生活中很少見了。但隨著時代的發展，生活節奏越來越快，這意味著年輕的父母沒有時間去照料孩子，於是寄宿現象出現了。以中國為例，有許多幼稚園都是全托制的，父母將孩子送到幼稚園，一週接一次或兩週接一次。這些全托制的幼稚園因為收費不菲，內外條件都很好，父母對幼稚園也很滿意，甚至會覺得幼稚園的條件比家裡還好。但實際上，這種全托制的幼

稚園與育幼院的生活十分相似，孩子無法在情感上產生正常的、安全的依戀。也就是說，在全托制幼稚園的孩子相當於半個孤兒。

圓圓在 3 歲的時候就被送到了全托制的幼稚園，這是一個非常著名的幼稚園，他的父母也很滿意。圓圓的父母覺得在這樣的幼稚園裡能儘早培養孩子獨立的個性，圓圓在幼稚園學會了自己洗襪子和內褲，吃飯、睡覺都不用父母操心，看起來比之前要乖許多。

同時，圓圓的父母也注意到他不如原來那麼活潑了，也不會主動表達自己的需求。有一次，圓圓跟著父母去參加一個聚會。聚會上都是圓圓父母的好朋友，還有另外兩個小朋友，與圓圓同歲。這兩個小朋友在相熟後，就跑到旁邊的沙發上去玩。圓圓的父母也鼓勵孩子去和小朋友玩，但圓圓拒絕了，一臉不高興地坐在那裡。後來他便爬到媽媽懷裡，摟著媽媽不撒手，看起來又憂鬱又煩躁。因為圓圓的內心有十分強烈的委屈感和不安全感，而這些與他在全托制的幼稚園的經歷是分不開的。

我們常常聽到這樣一句話：「這個世界上所有的愛都以團圓為最終目的，只有一種愛以分離為目的，那就是父母對孩子的愛。」因此父母真正成功的愛，就是讓孩子儘早成為一個獨立的個體。但獨立不應該在生命早期就過早進行，對

於幼兒而言，依戀是一種十分重要的心理需求。

　　一個人如果過早地離開父母獨立生活，那麼勢必會對他的心靈造成難以彌補的創傷。這種創傷程度相當於成人失去至親時的痛苦感受。

舒適與快樂
—— 互惠依戀

- -

　　小靜是個女強人，她自從結婚後，就一直被婆婆催著生孩子。但在小靜看來，孩子就是大麻煩，她實在想不通為什麼大多數的父母都會對一個流著口水、不停哭叫、無法自理的嬰兒投入那麼多的感情。但是當小靜意外懷孕生子後，她的看法改變了。她每天下班的第一件事情就是回家看孩子。

　　有一次，孩子好幾天都沒排便，小靜十分擔心。後來，小靜就按照婆婆的建議用手指替孩子刺激肛門，以幫助孩子排便。當小靜的閨密知道這件事情後十分吃驚：「真是想不到，妳這個有潔癖的人，居然會去做這樣的事情！」小靜一臉坦然：「這有什麼，讓我為寶寶做任何事，都是義不容辭的！」

　　依戀關係對於嬰幼兒來說十分重要。因為對母親的依戀不僅意味著生存，同時也是一種心理需求。但人們往往會忽視一點，即這種母嬰依戀是相互的，是一種互惠的關係，不論是嬰幼兒還是母親，都能從這種互惠依戀中體驗到舒適和快樂。這也就是為什麼小靜會有這麼大的轉變的原因所在。

對於一對正常的夫婦來說，他們會對孩子的到來充滿了期待。在母親懷孕期間，不論是父親還是母親都會幸福地討論著孩子的將來。當母親第一次感到胎動的時候，會產生一種驚喜的感受，母親也十分樂意與父親分享這種喜悅。當孩子誕生後，父母親都會期望著能與新生兒產生親密的接觸，尤其是母親。這種親密的接觸主要表現在皮膚與皮膚的接觸上。在親密接觸的過程中，新生兒會迅速地與母親建立起情感上的連接，這有助於互惠依戀關係的產生。

　　對於新生兒而言，依戀情感的建立有一個敏感期。這個敏感期主要是指出生後的幾個小時。如果母親能在敏感期內與新生兒產生親密的接觸，那麼就會建立起依戀關係，這種依戀關係十分強烈且持久，遠遠超過後來所建立的依戀關係。因此，每個母親一定要牢牢把握住這個敏感期。

　　當然敏感期也不是絕對的，依戀關係需要慢慢建立。例如在不少收養家庭中，養父母和養子女之間雖然錯過了敏感期，但也能建立起互惠依戀的關係。在互惠依戀關係中，雙方之間的互動變得尤為重要。對於嬰兒來說，母親的回饋十分重要。嬰兒通常會對母親報以微笑，如果母親也回饋微笑給嬰兒，那麼嬰兒就會很開心。如果母親總是面無表情地看著嬰兒的微笑，對嬰兒所發出的積極信號無動於衷，那麼嬰兒的微笑就會消失，會傷心地哭泣起來。

　　隨著年齡的增長，母親與幼兒之間的互動變得越來越頻繁，雙方也越來越能從互動中感受到快樂和舒適。互動的方式有很多，其中遊戲是十分常見的。當母親與幼兒玩遊戲的時候，一定要細心留意幼兒的反應。如果幼兒表現得十分活躍，那麼遊戲就能繼續；如果幼兒突然平靜下來，那麼就說明他累了，需要休息一會兒，如果母親繼續與他玩遊戲，就會讓他覺得痛苦，他會拒絕母親的互動要求。

　　互惠依戀屬於安全型的依戀關係，不僅母親能從這種依戀中體驗到快樂，嬰兒也能從中感到安全。當嬰兒面對陌生環境時，常常會覺得焦慮和恐懼，但如果母親在身邊，那麼他就會得到安慰，不再那麼焦慮和害怕了。

悲傷的「面無表情」
—— 慢性憂鬱的母親

　　李某有一個 7 歲的兒子，她在 2014 年下半年辭職回家休息，此時的李某已經被精神焦慮折磨了很久，她想要自殺，想了許多自殺的方法，像跳樓、跳海、吃藥等，李某甚至想透過殺人來結束自己的生命，因為這樣法院就會判處她死刑。回到娘家休養期間，她還專門到醫院做了檢查，但檢查的結果顯示她的身體很健康，但精神方面卻患有歇斯底里症。

　　2015 年 2 月 1 日，李某的兒子小浩放假了，爸爸讓小浩到外婆家陪媽媽。

　　在 2 月 2 日的上午 8 點多，李某讓小浩按照她制定的作息表讀書，但小浩不肯，他想繼續看電視和玩手機。於是小浩就不停地吵鬧，李某覺得兒子太煩了，就用繩子捆住小浩的雙腳，將小浩按倒在床上，並用透明膠布封住了小浩的口鼻，還用被子蓋住了小浩。小浩一直不停地反抗，李某就用力按住小浩的身體阻止他繼續反抗，直到小浩不再動彈後，李某才放開，然後倒在一旁睡著了。

等李某醒來後發現小浩已經沒有了氣息,不久李某的父親、妹妹以及妹夫來到了現場。此時房門已經被李某反鎖住了,父親只能拿出鑰匙將門打開,看到房間內的情景後,他們立刻撥打了報警電話,而小浩在送往醫院的途中經搶救無效死亡。

在現實生活中,像上述案例中這種極端的狀況是很少見的,但是母親患憂鬱症的情況卻很常見,尤其是慢性憂鬱。憂鬱的父母很難與孩子建立起親密的依戀關係,因為他們常常對孩子所發出的積極信號無動於衷,漸漸地孩子也會變得憂鬱起來。

每個人對於生命早期的經歷都沒有記憶,但這段經歷卻會影響一個人一生的發展。而在這段經歷中,母親是個絕對重要的影響因素,因為生命早期我們每個人只能與母親建立起親密的依戀關係。

加利福尼亞大學洛杉磯分校精神病學和生物行為學院的教授肖爾博士(Allan N. Schore)認為,嬰兒在出生前就已經建立了一套情緒機制,但他們並不會管理自己的情緒,他們需要從與養育者的互動中掌握這項能力。因此,對於嬰兒而言,養育者就變得尤為重要,當嬰兒學會管理自己的情緒後,也就產生了自我認知。

曼徹斯特大學心理學教授愛德華・特朗尼克(Edward Tronick)曾經做過一個面無表情實驗(still-face paradigm)。

在這項實驗中，母親最初會按照特朗尼克的要求與孩子進行互動，孩子會顯得很開心。然後特朗尼克就要求母親一直保持面無表情的樣子，無論孩子怎樣表現，母親都必須毫無反應。

在實驗剛開始時，孩子就發現了母親的不對勁，於是開始用微笑等友好性動作來與母親互動，想要引起母親的注意，但母親依舊面無表情。於是孩子繼續嘗試著與母親互動，母親還是面無表情，最終孩子忍不住崩潰大哭起來。

雖然參加實驗的孩子年齡都很小，無法用語言來表達自己的感受，但從他們的種種反應中我們可以想像他們當時的心境：「為什麼媽媽對我的微笑毫無反應呢？真是太糟糕了！我是不是做錯了什麼？為什麼媽媽不給我一個笑臉呢？」

對於兒童而言，他們常常會把得不到母親關愛的責任攬到自己身上，認為是自己的錯，或者直接認為自己不配得到母親的愛，從而會導致憂鬱情緒的出現。

林恩・默里教授對 100 名母親進行了 16 年的追蹤調查，其中有 58 名母親出現了產後憂鬱的症狀。當這 100 名母親的孩子長到 18 個月、5 歲、8 歲、13 歲和 16 歲時，默里會對這些母親與孩子的精神狀況進行測試，以觀察母親的憂鬱是否會影響孩子。透過調查研究默里發現，如果母親患有憂鬱症，那麼孩子將來患有憂鬱症的機率將會大大增加。

在一個人出生後的兩年內，他的大腦發育進入一個黃金期，大腦神經元會成倍增長，從而形成屬於自己特定的精神結構。這個時期，母親的作用非常重要。如果一個母親患有慢性憂鬱，那麼她將無法解讀嬰兒的面部表情和肢體語言，對孩子會顯得很冷漠，就好像面無表情實驗中的表現一樣。

在面無表情實驗中，當孩子的微笑只換來了母親的面無表情後，孩子出現心跳加速、體內壓力激素增加的情況。這只是一項實驗，在實驗過後母親會立刻恢復正常，並與孩子積極互動。但在現實生活中，慢性憂鬱的母親會長期保持面無表情、忽視甚至虐待孩子。孩子會在一次次渴望互動的過程中，漸漸產生羞恥感，於是便出現了自我安撫的動作，例如吃手指或用手抓自己。

這種積極情感得不到回應的痛苦感受，不僅兒童無法承受，就連成年人也難以承受，因為這意味著自己的真情得不到回應。有一個男人在追求自己心儀的女孩前，曾信誓旦旦地對兄弟說，他一定會排除千難萬險將女神追到手。但沒過多長時間，男人就放棄了，他的每一次友好請求都得不到回應。每當他傳 LINE 給對方想聊天的時候，女孩只會回他一句話：「你有事嗎？」漸漸地，男人就放棄了，他對兄弟說，他最討厭看到這句話，比打他一巴掌還難受，好像自己沒事就不能找她聊天了一樣。

在戀愛關係中，一個人之所以會長時間地追求另外一個人，與對方給他的積極回應是分不開的。如果對方的反應一直是冷冰冰的，好像是捂不熱的石頭一樣，那麼追求者很快就會放棄。

這種相似的場景還出現在俄國作家列夫·托爾斯泰的小說《安娜·卡列尼娜》（*Anna Karenina*）中。安娜的情人佛倫斯基是個很冷漠的人，當他們在舞池裡跳舞的時候，安娜覺得自己愛佛倫斯基，而佛倫斯基也愛自己，安娜一直用充滿愛意的目光直視著佛倫斯基。如果這時，佛倫斯基能回應一下安娜的目光，那麼安娜的幸福感一定會爆棚。但佛倫斯基卻面無表情，他沒有給出任何回應，這讓安娜覺得非常心痛，並產生了羞恥感。

慢性憂鬱的母親除了會給孩子帶來痛苦的感受外，還可能將憂鬱的情緒傳染給孩子。英國雷丁大學一項新研究發現，如果母親曾有過產後憂鬱，那麼 41.5% 的孩子在長到 16 歲時會出現憂鬱症的症狀。為什麼會這樣呢？因為兒童無法對患有憂鬱症的母親產生安全依戀，即無法從母親這裡獲得安全感。

情感上的不安全
—— 缺乏敏感性

英國發展心理學家約翰·鮑比提出了著名的依戀理論，在他看來，生命早期的依戀會影響一個人一生的性格發展。他的學生瑪麗·愛因斯沃斯（Mary Dinsmore Ainsworth）在之後的研究中取得了重大進展，並提出了一個新的依戀理論，即依戀的安全性。

在愛因斯沃斯看來，個體之間的依戀關係之所以會存在差異，是源於依戀的安全性或不安全性。為了驗證這個猜想，愛因斯沃斯設計了陌生情境實驗，用來測試 1 歲嬰兒對母親依戀的安全性。

愛因斯沃斯為參加實驗的母親們和兒童們準備了一個房間，房間很舒適，還有一些玩具。接下來，兒童們將會面臨不同的情境。

- 第一種情境是實驗策劃者向母親和兒童介紹實驗室，然後離開；

- 第二種情境是兒童在母親的陪伴下在實驗室內玩遊戲；
- 第三種情境是陌生人進入實驗室，並與母親交談；
- 第四種情境是母親離開實驗室，留下兒童與陌生人相處；
- 第五種情境是母親回來，並安撫兒童，陌生人離開；
- 第六種情境是母親離開實驗室，兒童獨處；
- 第七種情境是陌生人再次進入實驗室，並安撫兒童；
- 第八種情境是母親再次回來，安撫兒童，並嘗試著與兒童一起玩玩具。

在這些情境中，有三類情境是最重要的。在第二種情境中，環境雖然是陌生的，意味著不安全，但由於有母親的陪伴，兒童的不安全感會削弱許多。如果兒童對母親的依戀是安全的，那麼他就能盡快適應陌生的環境，並開始自由探索，即玩玩具。在第四種和第七種情境中，母親離開，兒童與陌生人獨處。對於兒童來說，陌生人是一個未知的威脅，會使其產生壓力。兒童對陌生人友好安撫的接受能力也可以測驗出他依戀關係的安全性。在第五種和第八種情境中，母親回來，這是兒童與母親重聚的時刻，兒童對母親的反應會有所不同。愛因斯沃斯透過觀察實驗兒童在這些情境中的反應，將兒童對母親的依戀關係劃分為四種，即安全型依戀、焦慮矛盾型依戀、迴避型依戀和混亂型依戀。

安全型依戀（secure attachment），是這四種依戀關係中

最健康的一種，大約占樣本的65％。在此種依戀關係中，母親會給兒童帶來心靈上的安撫，兒童在母親的陪伴下，能盡快適應陌生環境，並與陌生人進行友好互動。當母親離開時，兒童會焦躁不安，有典型的分離焦慮。可是當母親回來時，兒童就會十分高興，並與母親產生身體接觸。

焦慮矛盾型依戀（anxious preoccupied attachment），是一種不安全的依戀關係，大約占樣本的10％。兒童雖然有母親的陪伴，但緊緊地與母親靠在一起，很少會主動探索陌生環境，面對陌生人的友好互動也充滿了警惕。當與母親重聚時，兒童會產生矛盾的行為，既渴望與母親靠近，又拒絕與母親產生身體上的接觸。這說明兒童此刻的心理是矛盾的，對母親歸來感到高興，但又很生氣母親的離開行為。

迴避型依戀（avoidant attachment），也是一種不安全的依戀關係，大約占樣本的20％。兒童與母親的關係顯得很冷淡，不會出現親密的互動，當母親離開時，也不會表現出分離焦慮。兒童能與陌生人進行交流，但有時會顯得很冷淡。

混亂型依戀（disorganized attachment），是最不安全的一種依戀關係，大約占樣本的5％。所謂混亂型依戀，就是指焦慮矛盾型依戀和迴避型依戀的結合。在與母親重聚時，兒童可能會顯得很冷淡；也可能想靠近母親，但當母親主動與兒童接近時，兒童卻會跑開。

在這項實驗研究中，參與實驗兒童的年齡只有 1 歲，他們在這麼小的年齡段所展現出的不同依戀類型會影響他們長大後的性格發展嗎？一項追蹤調查研究的結果或許就是最好的答案。

在這項調查研究中，研究者對一些兒童測量了他們的依戀類型，這些兒童只有 15 個月大。等這些兒童長到三歲半時，已經到了上幼稚園的年齡，研究者對他們進行觀察。結果發現，那些能與母親形成安全依戀的兒童在幼稚園裡最受同學歡迎，而且學習能力也很不錯。相反，那些沒有與母親形成安全依戀的兒童在幼稚園性格很不討喜，在加入其他同學的遊戲時顯得非常被動，基本上沒有什麼朋友，學習能力也很差，他們好像對學習一點興趣也沒有。

當這些兒童長到十一二歲時，研究者再次對他們進行了觀察，這次研究者是在他們參加夏令營活動時進行觀察的。研究者發現，那些安全依戀的兒童在成長到青少年階段時，性格依舊很受歡迎，他們有很多朋友，社交能力也比較強。而那些沒有形成安全依戀的兒童在成長為青少年時，出現了許多行為問題，沒什麼朋友、不遵守紀律、缺乏迎接挑戰的熱情等。

又過了幾年，當這些兒童長到十五六歲時，研究者再次對他們進行了觀察，結果這次得出了與上次相同的結論。

這項調查研究說明，依戀關係對一個人性格形成十分重要，甚至會影響一個人的一生。其實在兒童身上表現出的依戀類型，在成年後也會有所顯現。不同成年人也有不同的依戀類型，而依戀關係同樣可以展現出一個人的性格。

- 安全型，此類成年人很容易與他人產生親密的關係，能安心地依賴他人，也能帶給他人安全感，不會擔心被人拋棄，也不擔心與他人關係太過親密。大約有 60% 的人屬於安全型依戀。
- 迴避型，此類成年人很難與他人產生親密的關係，當與人關係密切時，他會有緊張和不自在的感覺，並且很難相信和依靠他人。大約有 20% 的人屬於迴避型依戀。
- 焦慮矛盾型，此類成年人想要與他人產生親密的關係，尤其渴望有一個親密的伴侶，但卻常常擔心別人不想與自己在一起，甚至會嚇跑別人。大約有 20% 的人屬於焦慮矛盾型依戀。

既然一個人童年時期的依戀類型會影響他之後性格的發展，那麼是否可以避免不安全依戀關係的形成呢？很難，因為這與養育者的性格是密切相關的。在安全依戀關係中，母親的敏感性很高，她能敏銳地感受到孩子的需求，並且給出積極的反應，還能與孩子形成良性的互動。

在焦慮矛盾型依戀關係中，母親往往容易感情用事，即不會合理控制自己的消極情緒。高興的時候能與孩子進行親密互動，不高興時就置之不理。在這樣的養育者的照料下，孩子會產生許多矛盾的行為，會透過糾纏、哭喊等方式來吸引母親的注意，當母親無所回應時，他們就會顯得很生氣。

在迴避型依戀關係中，母親往往走向兩個極端。其中一個極端總是以消極的狀態去面對孩子，無法形成積極的母嬰互動關係，因此孩子會覺得母親不喜歡他，於是就產生了迴避型的依戀關係；另一個極端即過度關心孩子，總是給予孩子積極的刺激，當孩子表現出疲憊時，也不會停止。因此孩子會難以承受這種過度熱情的母親，從而表現出了迴避的狀態。

在混亂型的依戀關係中，兒童極有可能是遭遇了忽視和虐待，從而對母親產生了一種畸形的依戀，不知道是該靠近養育者還是遠離養育者。這種母親常常缺乏敏感性。

當混亂型依戀關係的兒童長大後也極有可能成為缺乏敏感性的養育者。一個在童年期被忽視或虐待的人長大後，為了避免悲劇的重演，在有孩子之前，會暗暗發誓一定要好好對待自己的孩子。但在照料孩子的過程中，總會遇到一些棘手的問題，例如哭鬧、發脾氣的嬰兒，這些都是很常見的問題。但在缺乏敏感性的養育者眼中，卻是很嚴重的問題，感

覺自己被孩子拒絕了，尤其是當嬰兒顯得漫不經心時，這種被拒絕的感受會更加明顯。漸漸地，缺乏敏感性的養育者就會開始忽視或虐待自己的孩子。

小飾和洋子是一對雙胞胎姐妹，外貌相似，但誰都能輕易分辨出她們。小飾不僅得到了母親所有的愛，在學校也很受歡迎，她穿著乾淨漂亮的衣服，每天都十分快樂；但洋子卻顯得髒兮兮的，頭髮也很蓬亂，她的性格很令母親討厭，總是給人一種沉默而憂鬱的感覺。

從洋子記事起，她就遭到了母親的虐待。洋子的住處被安排在垃圾桶旁邊，只有一床小褥子，每天只能吃小飾剩下的殘羹冷炙。洋子還總是遭受母親的毒打，母親稍不順心就會拿洋子撒氣。

母親的性格與洋子很相似，都不擅長與他人社交，雖然在洋子面前顯得很惡毒，但在外面卻非常沉默。每當母親在外面受氣後，都會回家對洋子拳打腳踢，還威脅洋子，說總有一天會殺了她。

一天，洋子在回家的路上遇到了一條沒有主人的小狗，小狗的脖子上有個項圈。這時，洋子突然想起了之前看到的尋狗啟事，覺得眼前的這條小狗就是走失的阿索。於是洋子就抱著阿索按照尋狗啟事的地址來到了一棟獨立小樓前。這裡居住著一個老人，名叫鈴木美津子，她就是阿索的主人。

美津子為了感謝洋子，就請洋子進入家裡喝茶吃點心。美津子是個孤獨的老人，她雖然有一個和洋子一樣大的外孫女，但卻很少見面。漸漸地，洋子和美津子成了朋友。在一次交談中，洋子告訴美津子她有一個雙胞胎妹妹，姐妹倆的相貌雖然相同，但性格卻天差地別，妹妹的性格很受歡迎，她的性格卻很讓人討厭。美津子聽完沉默了一會兒，然後說，那也是有原因的，並鼓勵洋子要努力做出改變。在臨別前，美津子還送給了洋子一件禮物，一把家裡的鑰匙，洋子還從美津子這裡借走了一本小說《小王子》。

　　回到家後，母親發現了《小王子》這本書，並質問洋子是不是偷來的，還不停地用書毆打洋子，最終將書沒收了。

　　書裡有洋子十分珍視的禮物，也就是美津子送給她的那把鑰匙。最終洋子決定趁著母親不在家時，偷偷將書裡的鑰匙拿走。

　　洋子在拿走鑰匙還沒來得及走出母親的房間時，突然聽到了門響，於是趕緊躲到床底下。走進來的是小飾，她在找一張 CD，之前她曾向母親借這張 CD，母親沒有同意。小飾在翻找 CD 的時候，不小心打翻了桌子上的花瓶，花瓶裡的水都流在了筆記型電腦上。這下小飾闖下了大禍，筆電是母親的工作工具，平時十分愛惜，如果讓母親發現，一定會受到十分嚴重的責罰。就在小飾非常擔心的時候，她突然

看到了那本《小王子》，她決定將這一切全都嫁禍到洋子身上。但她不知道的是，洋子在床底下目睹了這一切。

等小飾離開房間後，洋子立刻從床底下爬了出來，她決定不再坐以待斃，於是就去找美津子。當洋子到美津子的家門口時，發現美津子已經中風死了。洋子雖然很震驚，但最後還是帶著沒人認養的小狗阿索離開了。這一次，洋子決定做出改變，不然她一定會被母親殺死，並被偽造成自殺的樣子。

洋子找到了小飾，並告訴她，母親已經知道是誰將筆電弄溼了。小飾顯得很害怕，洋子便提出兩人交換身分，代替小飾受罰的建議。小飾答應了，最終兩人互換了衣服，還相約要裝成對方的樣子。

扮成洋子的小飾先回了家，洋子則待在樓下等著。不一會兒，洋子聽到了重物砸地的聲音，扮成洋子的小飾從樓上「摔」了下來。

這是一個電影故事，出自電影《ZOO》裡的〈小飾與洋子〉。對於洋子的遭遇，許多人很不理解，她的母親怎麼能下如此狠手，畢竟洋子和小飾一樣都是她的女兒。洋子的母親為什麼會虐待自己的女兒？為什麼會對一對雙胞胎女兒區別對待呢？電影中做出了解釋。

洋子的母親是未婚懷孕，因此遭受了不少白眼，她的壓

力很大。研究顯示，意外懷孕和不想要孩子的成人很容易成為缺乏敏感性的養育者，即容易忽視和虐待孩子。洋子也曾想像著如果父親與她們一起生活，自己的境遇或許會好很多。

此外，電影中還提及洋子的性格與母親的性格非常相似，都不受歡迎。在洋子母親懷孕期間，她不僅沒有丈夫的支持，就連親朋好友的支持也沒有。由此可以想像，洋子的母親在童年時期也遭受了忽視或虐待，於是就形成了不受歡迎的性格，很難與他人相處。研究表示，如果一個人在生命早期與母親形成了混亂型的依戀關係，那麼他的性格很難受人歡迎，更容易發脾氣，甚至會出現反社會行為。

洋子的母親是個單親媽媽，獨自一人撫養著兩個女兒，這種壓力可想而知。我們常常聽到這樣一種說法，即單親家庭長大的孩子容易出現性格問題。許多人尤其是單親家庭長大的孩子都對這樣的說法充滿了質疑，並認為這是對單親家庭的歧視。但這種說法的背後有一定的道理。研究表示，一個養育者之所以會缺乏敏感性，與他所面臨的經濟狀況有很大的關係。對於單親家庭而言，尤其是單親媽媽，常常面臨著經濟困難等社會壓力，很容易成為缺乏敏感性的養育者。

被遺忘的父親
—— 遊戲夥伴

　　美國有一個名叫喬治的海員，他在兒子剛出生不久便出海遠航了。3 年後，喬治結束遠航回到家中，此時他的兒子已經 3 歲了。喬治驚奇地發現，兒子沒有一個正常兒童該有的天真活潑，不僅很自卑、性格孤僻，而且行為舉止怪異，小朋友都不喜歡和他一起玩。

　　喬治的兒子為什麼會出現這種問題呢？這與喬治的 3 年出海遠航是分不開的，他的兒子由於長期缺少父愛，所以便出現了以上的問題，這種症狀被稱為「缺愛症候群」。不少缺愛的孩子還會出現哭鬧、易驚、煩躁、憂鬱、多愁善感等症狀。

　　在一個人早年的成長過程中，父親往往是被遺忘的家庭角色，他的存在更像是一個符號。在保守人士看來，父親的家庭責任就是賺錢養家，而教育孩子則是母親的責任，像這樣男主外女主內的傳統觀念在許多人的心中都是根深蒂固的。但研究顯示，父親對孩子性格的影響是巨大的，尤其是

男孩。研究顯示，男孩更容易患上缺愛症候群，機率是女孩的一倍。

寧寧是個男孩，出生在一個典型的男主外女主內的家庭中，寧寧的爸爸在外賺錢養家，寧寧的媽媽是個全職家庭主婦，除了料理家務外，主要的工作就是照顧寧寧。可能是照顧寧寧太辛苦，寧寧媽媽就對他定下了許多規矩，在外玩耍時，從來不會讓寧寧玩一些摸爬滾打的遊戲，擔心他弄髒衣服和鞋子，給自己帶來更多繁雜的家務。

寧寧爸爸每天晚上都會回家，但很少會和寧寧玩遊戲，他是個典型的大男子主義的父親，覺得帶孩子就是女人的任務，他只需要負責賺錢養家就可以了，而且寧寧爸爸每天上班都很辛苦，回到家就只想看看電視然後睡覺。對於寧寧來說，爸爸和鄰居家的叔叔沒什麼區別，只是偶爾逗寧寧玩一會兒，因此寧寧從來不會主動找爸爸玩。

漸漸地，寧寧就變得扭扭捏捏起來，根本不像一個男孩，而且十分膽怯，不敢主動與人交流，也很少參與到其他小朋友的遊戲中。對於寧寧來說，他的成長環境中缺乏男性的典範供他模仿，即缺乏男孩成長中應有的「野性」環境。雖然寧寧長得虎頭虎腦的，但實際上一點精神也沒有。

等寧寧到了上幼稚園的年紀後，他的性格缺點開始展現出來。他在幼稚園沒什麼朋友，當別的小朋友都在玩遊戲的

時候，他只會獨自一人待著，他不敢參與其中。有一次，寧寧很想玩溜滑梯，因為其他的小朋友都在玩，而且玩得不亦樂乎。但寧寧根本不敢滑，一直膽怯地站在一旁。來接寧寧回家的媽媽看到後，就走到溜滑梯邊鼓勵寧寧。但寧寧一直在旁邊等其他小朋友先滑，好不容易等到沒人滑了，寧寧開始小心翼翼地往下蹲，這時旁邊突然鑽出來一個小女孩，先滑了下去，寧寧立刻縮到一邊，繼續等待。寧寧媽媽只能繼續鼓勵：「寧寧快滑下來，不要害怕，有媽媽在下面接著你呢。」寧寧看了看媽媽，伸出了左腳，縮回來，再伸出右腳，再縮回來，最後也沒能從溜滑梯上滑下來。

像寧寧這樣的男孩在現代社會並不少見。在現代社會中，生活節奏越來越快、競爭與日俱增，絕大多數的父親由於工作關係，很少與孩子接觸。許多父親在家庭教育中往往是形同虛設的，這種現象也因此被稱為喪偶式教育。

因此在一些男孩的成長過程中，他們的周圍沒什麼成年男性，完全被女性所包圍，例如母親和女老師。於是在他們的性格形成過程中，男子氣概就成了最稀缺的元素，在長大後很容易缺乏獨立性和果斷性，甚至可能產生性別認同障礙。除此之外，有些男孩還會走向另一個極端，即變成一個喜歡使用暴力的危險男人。

對於男孩來說，父親不僅是他所仰慕的成年男性，還是

他心目中的英雄。不少男孩在成長過程中都會無意識地模仿父親，例如說話的語調、走路的姿勢等等。也就是說，父親的一舉一動都在潛移默化地影響著男孩的性格。

患有缺愛症候群男孩的性格特點主要包括：膽小、容易害羞、沮喪、自暴自棄、不求上進、寡言少語、喜怒無常、急躁衝動、感情冷漠。在其長大後很容易出現許多行為問題，例如蹺課、離家出走、偷盜、喜好使用暴力，也很容易走上犯罪道路。

美國父職推動協會（National Fatherhood Initiative, NFI）的調查資料顯示，70%的少年犯來自單親家庭。而且美國50%的強姦犯、72%的少年凶殺犯、70%的長期服役犯在其成長過程中都沒有父親的存在。調查還顯示，90%的無家可歸和離家出走的孩子、戒毒中心75%的青少年都來自無父家庭。這些資料充分說明，在缺乏父愛的環境下長大的男孩，更容易成長為一個危險的男人。

對於男孩來說，控制自己的情緒是一項十分重要的能力，需要在父親的指導和帶領下學習。如果沒有父親的教育，男孩在長大後會因為所遭受的挫折而無法應對自己的挫敗感，從而出現暴力行為和各種反社會行為。

在一個人幼年時期，母親的重要作用不言而喻，一個人能與母親形成安全依戀關係是十分重要的，但僅僅如此是遠

遠不夠的，對父親的安全依戀也十分重要。研究顯示，一個人如果能在入學前對父母雙方形成安全依戀，那麼他就能更好地克服入學時所遇到的困難，較少出現焦慮和社交退縮行為。

如果兒童能與父親形成安全依戀，那麼在情緒控制、人際交往上都會有不錯的表現，出現的問題行為也較少。當他進入青春期後，也很少會出現叛逆行為。既然父親如此重要，那麼對於單親媽媽來說，該如何解決這個問題呢？

小王是個單親媽媽，她在兒子 4 歲的時候就與丈夫離婚了。從那以後，小王就開始和兒子相依為命，她從來不會輕易讓兒子見父親。當兒子長到 8 歲時，小王開始發現兒子很膽小、缺乏自信，常常無法控制自己的情緒，會因為一點小事痛哭不已。

小王雖然與丈夫離婚了，但她沒有權利剝奪兒子享受父愛。其實孩子如果能與父親建立起安全、支持性的連繫，那麼即使父親離開了家，孩子也不會患上缺愛症候群。而且德、日兩國的兒童心理疾病治療專家在對兩國的 3,000 多名少年兒童的一項專題調查中發現，缺乏父愛的年齡越小，越容易患上缺愛症候群。因此，父親應該從孩子小時候起就與其建立起安全依戀。

小陳是個美麗的女孩，在一家公司上班，但她在公司裡卻沒什麼朋友，像她這樣性格孤僻的人，很少有人主動找她做朋友，小陳也從來不會主動與人交流。為此，同事們替她取了一個「冰雪美人」的外號。

　　在小陳很小的時候，她的父母就離異了，她跟著媽媽生活。單親媽媽不容易，媽媽每次心情不好的時候都會借酒澆愁。看到媽媽喝得酩酊大醉，小陳就開始痛恨自己，覺得自己是媽媽的累贅。

　　長大之後，小陳開始對愛情充滿嚮往。但在小陳接連交了三任男友後，她漸漸開始覺得自己有問題了，但她想不出問題到底出在哪裡。每一段戀情小陳都會全心全意地對待，但這三任男友都提出了分手，有時連個像樣的理由都不給她。

　　在一個女孩成長的過程中，父親同樣十分重要。如果一個女孩在幼年時期無法得到父愛，那麼就會形成缺乏價值感的性格特點。這種性格會影響女孩處理兩性關係的能力。這些問題都會在女孩談戀愛的時候表現出來，女孩在面對戀人的時候，會不自覺地產生自卑，擔心自己配不上他，從而恐懼被拋棄，對戀人過分地依賴和控制，迫切希望得到戀人的關注和認可，時時刻刻讓自己感覺到被愛，從而給戀人造成了巨大的壓力，導致戀愛關係的破裂。這就是小陳談了三

次戀愛都失敗的根源所在，她在戀愛關係中索取幼年缺失的
父愛。

　　娜娜一直很想結婚，但每段戀愛都談不長。娜娜的每次
戀愛都很用心，對男友也是有求必應，但他們都會以各種理
由和娜娜提出分手，有時甚至連分手的理由都懶得說。漸漸
地，娜娜的朋友都戲稱她是「渣男吸附體質」。

　　有一次，娜娜失戀了，為了擺脫失戀的痛苦，在朋友的
介紹下，娜娜認識了小張。娜娜和小張便談起了戀愛，娜娜
希望這是最後一次，她想和小張結婚。但小張卻在這段戀愛
中顯得很冷淡，平時也不會主動聯絡娜娜。後來娜娜才得知
小張沒有放下他的前女友，還背著娜娜找前女友復合，但前
女友沒有答應。

　　娜娜很生氣，她想和小張分手，但最終還是決定陪伴小
張走出上一段戀情的陰影，她覺得自己一定能感化小張。就
這樣大半年過去了，娜娜發現小張常常偷偷約會其他女孩。
面對娜娜的質問，小張對她說，自己只是玩玩而已，不是認
真的。最後娜娜選擇了原諒。

　　為了拴住小張，娜娜提出同居的要求，雖然娜娜知道同
居存在風險，但她覺得這樣能控制住小張，避免他再次找其
他女孩約會，她覺得在自己的眼皮子底下，小張一定會有所
收斂。

幾個月後，小張突然提出了分手，不論娜娜如何挽回，小張的態度都很堅決。就這樣，娜娜的這段戀情又結束了。就在娜娜還未走出失戀的陰影時，她突然發現自己懷孕了！娜娜決定將這個消息告訴小張，她希望這個孩子能幫自己挽回小張。同時娜娜也很擔心，她害怕小張不願意留下孩子。事實證明娜娜的擔心是對的，小張在聽到這個消息後直接說：拿掉吧。

「渣男吸附體質」是一個網路流行語，通常指一個女人雖然很優秀，但總是遇到渣男，在跟前一任渣男分手後，很快就能遇到另一個渣男，好像一塊渣男磁鐵一樣，無法擺脫。而且這種女性常常有這樣的特點，即不論渣男如何對不起自己、如何冷酷無情，她都會對渣男不離不棄，好像有受虐傾向一樣。

渣男吸附體質的女孩往往是缺愛的，好像離開了愛情就不能活一樣，這與從小缺乏父愛是分不開的。當一個人十分飢餓的時候，會飢不擇食。如果一個人從小就缺愛，那麼就會在愛的方面飢不擇食，會對異性流露出的一點點愛意都如獲至寶，從而忽視對方的缺點。如果一個女孩是在高度負責的父親的陪伴下長大，那麼她就能很好地處理兩性關係，與渣男絕緣。

　　除了渣男吸附體質外，有些女孩在青春期的時候誤入歧途，甚至意外懷孕，給自己帶來無法彌補的傷害。如果一個女孩不缺父愛，她的父親是個負責任的男人，那麼她很少會盲目地談戀愛，出現危險性行為的機率也很低。

第四章

性格與家庭 —— 以情感為紐帶的整體

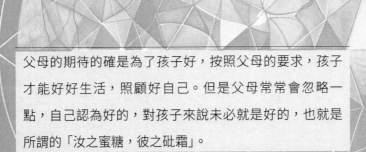

父母的期待的確是為了孩子好，按照父母的要求，孩子才能好好生活，照顧好自己。但是父母常常會忽略一點，自己認為好的，對孩子來說未必就是好的，也就是所謂的「汝之蜜糖，彼之砒霜」。

負能量的代代相傳
—— 家族詛咒

　　阿志是一個中學老師，他人生中最大的遺憾就是學測沒有發揮好，他一直覺得自己混得不夠好，並將人生翻盤的希望寄託在女兒身上，他的女兒也一直生活在父親所製造的巨大壓力之下。

　　考上臺大一直是阿志的理想，他沒有實現，於是就將這個理想強加在女兒身上，十分看重女兒的成績。所幸阿志女兒的成績一直都不錯。

　　女兒上高中後，阿志更加看重女兒的成績。在女兒讀高二的時候，一次段考成績掉到了前十名之外，阿志得知後十分生氣，決定要好好懲罰一下女兒，讓她長長記性。阿志用繩子將女兒的雙手反綁起來，讓女兒下跪，然後開始一邊責罵一邊打女兒。女兒受不了，便趁著阿志不注意打電話給母親。

　　等阿志的妻子趕回家，女兒已經有點神志不清了。阿志的妻子嚇壞了，就跟公司辦了離職，在家全心全意地陪女

兒。從這以後，阿志的女兒性情大變，不願意去學校上學，為此休學一年。

一年後，休學結束，阿志將女兒送回了學校。雖然阿志的女兒不再像以前那樣牴觸上學，但再也無法恢復到以前的學習狀態。不過女兒的底子是不錯的，最終考取了一所國立大學，但距離理想中的臺大還是相差很遠。

等女兒上大學後不久，阿志就開始和妻子鬧離婚。其實早在 10 年前，阿志就對這段婚姻不滿了，他覺得自己是受騙才結婚的，所以對妻子很不滿，認為妻子性格不好、毫無修養。阿志在妻子的心中也不是一個合格的丈夫，她覺得丈夫對婚姻不忠，最讓她難以忍受的是阿志對女兒的教育方式，在妻子看來，女兒之所以會出現厭學的問題，都是阿志的教育不當所致。

此時正應該好好享受大學生活的女兒又出現了精神上的問題，狂躁、人際關係障礙、情緒失控等等。她無法適應大學的新環境，再加上擔心父母離婚，於是精神上就出現了問題。阿志的女兒雖然是這個家庭的主要受害者，但仍然希望自己有一個完整的家，不希望父母離婚。最後，阿志的妻子到女兒學校陪讀，女兒才慢慢好了一些。

對此，阿志十分不滿，他便開始寫信給女兒，用了一個月的時間，阿志終於把信寫完了。在阿志看來，這封信十分

珍貴，飽含著自己所有的心血，是自己人生的經驗和教訓總結。當阿志將信拿給女兒看時，女兒大叫著不看，還用雙手將自己的眼睛摀上。女兒的反應將阿志激怒了，他再次將女兒綁了起來，強迫女兒看信。

這封信的內容讓阿志的女兒無法接受，滿紙都是父親所推崇的成功捷徑和心靈雞湯，他十分迫切地希望女兒能獲得成功，好證明自己。在信的最後，阿志寫道：「如果妳仍然不聽我的話，繼續這樣固執下去，將來一定會有更多的苦難等著妳，會有無窮無盡的苦日子等著妳，誰也救不了妳！」

阿志的過激行為徹底將女兒激怒了，她開始與父親發生爭執，甚至用父親無法接受的字眼咒罵阿志。阿志不僅沒有反省，反而認為女兒會到今天這一步，全都是妻子教唆的，妻子應該負全部責任。阿志從來沒有反思過自己對待妻女的態度，雖然他總是教育女兒要與人為善，與同學相處時要懂得謙讓，但自己對妻女卻總是斤斤計較，甚至惡語相向。

在家庭生活中，孩子往往是最弱勢的，很容易成為家庭的受害者。當家庭關係出現不和諧、生活壓力大、家庭功能不健全的情況時，很容易產生矛盾，這些矛盾往往會給孩子的精神帶來痛苦。在不少家庭中，父母根本不會將孩子看成需要平等對待的對象，甚至將其看成自己的所有物、出氣筒、洩憤目標或報復工具。

　　如果一個人成長於一個失衡的家庭，那麼他就會從父母那裡繼承負能量。這種負能量會終其一生跟隨著他，當他將來有了自己的孩子後，會把從父母那裡得到的負能量全部發洩出來，讓自己的孩子繼承這種負能量。於是負能量被代代相傳，成了家族的詛咒。

　　作為父母，沒有人會故意殘害自己的孩子，但這種負能量的代代相傳往往是在不知不覺中進行的。很少有人能逃出家族詛咒，即使這個人是受害者，也會不自覺地攜帶著負能量，甚至會將家庭看成自己的歸宿，因為每個人都有歸屬的需求，根本無法壓抑這種本能的需求。

　　以家庭暴力為例，如果一個人從小生活在一個充滿暴力的家庭環境中，那麼他長大後，性格和能力上會存在許多缺陷，這些缺陷會成為負能量一代代地傳遞下去。研究顯示，在家暴中長大的女孩，在未來的婚姻生活中更容易遭受家暴；在家暴中長大的男孩，在未來極有可能成為施暴者。

　　小靜從小生活在父母的責罵和毆打之中，她並不覺得這是父母的錯誤，只會覺得自己是個壞孩子，惹父母生氣了才會挨打。其實父母並不完全是正確的，不僅僅會因為小靜犯錯而打罵她，他們會因為莫名的理由和自己不高興就開始打罵小靜。漸漸地，小靜再也不相信任何人了，變得冷漠起來，對親情沒有任何感覺，即使面對父母的關心也無動於衷。

在家暴環境下長大的孩子，常常都是問題學生，這些孩子或是有翹課、打架的問題，或是有憂鬱、自閉的傾向。當這些孩子步入成年後，也依然無法擺脫家庭所帶來的影響。不少人會複製父母的家暴模式，讓家暴在家族中代代相傳，成為一個無法擺脫的魔咒。這是因為從小挨打的孩子很容易產生一種錯誤的認識，認為暴力是合理的，暴力是解決問題的有效方法。

還有一種現象在家暴中十分常見，即離家出走。這其實算是一種好現象，是一種主動改變自己命運的選擇。按照行為主義的觀點，一個人的性格與環境因素是分不開的，既然想要擺脫家族詛咒，扔掉父母的負能量，就必須換一個新環境，新的環境會促使一個人產生新的認知模式，並做出改變。

以愛為糖衣的壓榨
—— 情緒勒索

　　小邢在一家公司工作，最近他得到了一個千載難逢的機會，被公司任命到分公司做主管。公司裡的同事也都很羨慕小邢。下班後，小邢立刻回家，將這個喜訊告訴妻子，希望能得到妻子的支持。

　　妻子聽到這個消息後十分不開心，對小邢說：「你難道不為我和孩子考慮考慮嗎？我一個人在家照顧孩子多困難，你乾脆讓我累死在家裡算了！」小邢立刻解釋說：「在分公司做，很容易做出成績，能讓我們的生活得到改善，再說孩子已經大了，不像小時候那樣讓人操煩。」話音未落，妻子就搶著說：「從結婚到現在，我為這個家付出了多少，你心裡不清楚嗎！如果你堅持要去，我就帶著孩子回娘家！」面對妻子的要脅，小邢只能選擇妥協。

　　第二天上班，小邢極不情願地對上司說他放棄這個機會。小邢的心裡十分壓抑和痛苦，但面對妻子的不理解他也很無奈。

　　小邢所面臨的情況在人際關係中十分常見，尤其是親密關係中，在心理學上這種情況被稱為「情緒勒索」（emotional blackmail）。情緒勒索的概念是由美國心理醫師蘇珊·福沃德（Susan Forward）結合二十多年的心理治療經驗提出的。

　　情緒勒索雖然是在潛移默化中形成的，但卻是一種強而有力的操縱方式。情緒勒索者往往會使用帶著強烈感情色彩的語言來操控對方，讓對方做出違背自己心意的事情來。也就是說，被勒索者如果不順從勒索者，那麼就會被對方懲罰，這種懲罰常常會使被勒索者產生內疚感，甚至會產生罪惡感，為了避免出現這種感受，被勒索者往往不得不屈從對方的要求。情緒勒索就好像藥片，表面上被一層愛的糖衣所包裹，實際上卻是苦不堪言。

　　對於被勒索者而言，不斷地妥協會給自己帶來心理上的嚴重失衡，會變得十分痛苦，無法忠於自己的感受，也無法善待自己。可是對於被勒索者的犧牲，勒索者不會有絲毫內疚，會覺得這是理所當然的，甚至會反覆索求。

　　情緒勒索者往往是女性。對於男性來說，他們也會進行情緒勒索，但方式往往是訴諸硬暴力，即你不按照我的要求去做，我就會對你拳腳相加，也就是家庭暴力，這是被法律所禁止的。但對於女性來說，情緒勒索的方式往往是示弱，讓自己表現得可憐和無助，對方不答應她的要求，就等於

傷害了她。情緒勒索的現象一般出現在親密關係中，例如夫妻、親子等。

其實情緒勒索者也是受害者，其幼年時期沒有得到情感上的滿足，心理發育不健全，於是造成了渴望被愛，但卻無能力去愛他人的局面。

首先受到情緒勒索者勒索的是丈夫，這是勒索者在成年後建立起親密關係的第一人。面對妻子的勒索，丈夫通常會採取逃避的方式，在家庭生活中變成了一個客人的角色。漸漸地，勒索者無法從丈夫身上獲取自己想要的東西，便開始轉移，於是孩子就成了優先的選擇。

中國曾有這樣的案例：

楊元元 6 歲時父親就過世了，她從小與母親、弟弟相依為命。楊元元的母親望瑞玲雖然只是一家軍工廠的普通工人，但在女兒人生的重要問題上擁有著絕對的操控權，手段便是母愛和孝道。

在楊元元填寫高考志願的時候，她想要報考遼寧的大連海事大學，但母親卻以考湖北的武漢大學可以省路費為理由，逼迫女兒到武漢上大學。在楊元元讀大三的時候，望瑞玲因為軍工廠拆遷失去了住處，她直接來大學投奔女兒，和女兒擠在一張床上，從此之後這母女二人就再也沒有分開過。

　　大學畢業後，楊元元報考了公務員，並成功透過了考試。這時候，望瑞玲表示，她希望女兒到北京、上海這樣的一線城市去發展，還告訴楊元元自己有上海情結，她曾在 1970 年代在上海進修過 5 年船舶技工，最終楊元元只能選擇放棄寶貴的工作機會，開始備考上海海事大學的研究生。

　　很快，楊元元 30 歲了，她渴望能談一場戀愛。望瑞玲周圍的親朋好友也勸她，應該開始考慮女兒的終身大事了，誰知望瑞玲卻說：「我們樓上三十好幾沒結婚的多了去了。」楊元元一直與母親住在一起，和同學沒有交集，她自己也覺得離不開母親，不和母親住在一起會很痛苦。

　　楊元元考取了上海海事大學的研究生後，就帶著母親一起來上海報到，並讓母親住在學校的宿舍裡。望瑞玲沒覺得這一切有什麼不妥，雖然她每個月有人民幣 987 元的退休金，完全可以自己找房子住。

　　在學校裡，楊元元與母親形影不離，同睡一張床、一起進出食堂、一同散步。她從來沒有參加過一項集體活動，也沒有朋友。斜對面寢室的女生說，楊元元沒有朋友，也不主動與同學交流，她總是和家長在一起，沒人好意思去串門。開學後不久，同寢室的同學搬走了，把床騰給了望瑞玲。

　　2009 年 11 月 21 日，情況發生了變化，校方開始禁止望瑞玲在宿舍借住，這下望瑞玲不得不在上海找房子居住。為

了省錢，望瑞玲找到了一個住處，這裡沒有任何家具，連床也沒有。楊元元自然看不下去，但只能與母親一起睡在地上。醒來後，楊元元對母親說：「在地上睡覺太冷了，我去找學校，我們還是得搬回宿舍住。」

11 月 25 日下午 5 點左右，楊元元帶著母親到宿舍洗澡，她對母親說：「8 點前離開宿舍，別再讓宿管員（宿舍管理員）來趕人。」晚上 10 點，楊元元打電話給母親說，她正在排練節目，讓母親放心回去。

11 月 26 日上午 8 點 30 分，望瑞玲出現在學校的宿舍大門前，她想要進宿舍找女兒，但卻遭到了拒絕。不久，有人發現楊元元自殺了。楊元元用兩條綁在一起的毛巾將身體懸掛在廁所洗手臺的水龍頭上，半蹲著勒死了自己。洗手臺距離地面不足一公尺，如果楊元元有一絲求生欲望，那麼她隨時可以站起來，但她沒有這樣做。在被發現時，楊元元還有心跳和脈搏。上午 9 點 05 分左右，楊元元被抬上了救護車，送往醫院時已經死亡。

望瑞玲沒有跟著上救護車，她一直在宿舍樓道裡斷斷續續地哭著，還對楊元元對面寢室的同學說：「楊元元就是太內向了，妳們不要太內向。」

到底是誰直接導致了楊元元選擇自殺，至今也沒有定論。望瑞玲認為，楊元元的死與學校老師和宿管員有密切的

關係，因為他們曾說過一些特別傷人自尊的話。宿管員還稱望瑞玲是鄉下人，並警告她，如果再違規進樓，就不發畢業證給楊元元。對此，宿管員沒有承認，不過她也已經被停職。也有不少同學為宿管員抱不平，認為宿管員是個很負責的人，對同學們也都很好。

有人曾透露，楊元元在自殺前曾與望瑞玲發生了激烈的爭吵。但是望瑞玲否認了此事：「我聲音大就以為是在吵架呀？」

楊元元的一生除了母親外，似乎什麼也不曾擁有，她一直生活在無盡的挫折、孤獨、苦悶和自卑之中。自殺對於我們來說是一件很可怕的事情，但對於楊元元來說未嘗不是一種解脫。

情緒勒索者往往會以愛的名義來進行索取，很少有人能受得了這種勒索，除了勒索者的孩子。當被勒索者是自己的孩子時，勒索者就占據了年齡上的優勢。不論勒索者在現實生活中的狀況如何，他遠比一個孩子要擁有更強大的控制力，畢竟被勒索者比勒索者少了二十幾年的生活經驗。

被勒索者在這樣類似於奴化教育的環境下長大，他的性格會喪失獨立性和完整性，漸漸地就會成為勒索者的附庸，會認為勒索者所做的一切都是為了自己好，因為這是勒索者教給他的。例如勒索者常常說：「我這麼做是為了你好。」

　　最要命的是，我們的社會普遍贊成這樣的教育方式。例如在一個親子節目中，一個母親說她的孩子有三個優點，一是孩子愛她，二是孩子包容她的情緒，三是孩子理解她。這個母親的孩子只有六七歲。臺下的觀眾絲毫沒覺得母親有什麼不對，反而以熱烈的掌聲讚揚這位母親教育的成功。

　　在這樣環境下長大的孩子，很難形成獨立的人格，隨著年齡的增長，會被挫折、孤獨、自卑和屈辱的感受所籠罩，但卻很難做出改變。因為改變的過程同樣是痛苦的，相當於這個世界都崩塌了。

　　約翰·斯基爾帕是一個膽小懦弱的銀行職員，居住在孔雀鎮的鐵路旁邊。約翰從小在母親的過度保護和虐待下長大，養成了壓抑、自閉的性格。母親對約翰的人生有絕對控制權，約翰就是母親的附庸，母親甚至可以強迫約翰與一名女子發生性關係，而且母親全程在場觀看，這名女子為約翰生下了一個兒子。在母親去世後，約翰變成了一隻無頭蒼蠅，他無法適應沒有母親的生活，好像喪失了生活的意義，他每天都生活在痛苦的煎熬之中。最終約翰分裂出了一個叫作艾瑪的女性人格，這個女性人格與約翰母親的性格特點十分相似。

　　有了艾瑪的存在，約翰的生活開始步入正軌。每天早上，艾瑪這個人格會首先醒來，開始為約翰準備早餐。到了 8 點 15 分，艾瑪會變回約翰吃掉自己所做的早餐，還會背著

艾瑪盤算一下自己的私房錢，最後會去上班。

下班後，約翰不會馬上回家，而是在公園裡愜意地溜躂躂，這是一段難得的私人時間，最後約翰會回家睡覺。有時候艾瑪會在準備早餐時留下一張購物清單給約翰，約翰只需要在下班後按照清單上的要求購買即可，約翰會偷偷買一塊巧克力吃，他很喜歡吃巧克力，但母親不讓他吃。

約翰的生活在許多人看來是詭異的，但約翰自己卻樂在其中，兩個人格的分工也很明確，艾瑪負責家務，照顧約翰的日常起居，並控制著約翰的生活，而約翰則負責上班賺錢。

一天，一個火車頭意外脫軌並闖入了約翰家的後院，當時艾瑪這個人格正好占據著約翰的身體，穿著女性的衣服，還戴著假髮。艾瑪正在後院晒衣服，而突然闖入的火車頭直接撞到了艾瑪。

像這樣的火車事故在孔雀鎮十分少見，許多居民立刻趕到案發現場看熱鬧，於是艾瑪就曝光了。但人們並沒有看出這是穿著女裝的約翰，以為艾瑪是約翰背著大家娶進門的老婆。最終艾瑪逃回了家，並立刻換裝變回了約翰，然後匆匆上班去了。

關於院子裡的火車頭，艾瑪和約翰達成了共識，認為火車頭會曝光他們。但鐵路營運部門的工作效率低下，火車頭無法立刻搬走，還得在院子裡放幾天。

就在約翰和艾瑪擔憂的時候，鎮長和鎮長夫人在早上來到了他家，此時的艾瑪正在做早飯。他們對艾瑪說，想要利用火車頭開大會，不建議將火車頭立刻拖走，這下拖走火車頭的日期被無限延遲了。

約翰的性格懦弱，但艾瑪卻是個強勢的女人，由於火車頭事故，艾瑪開始習慣出現在公眾面前，並有了領養約翰的兒子的想法。當約翰得知艾瑪的想法後，他開始反抗，他不想讓自己的兒子面臨著和自己一樣的悲劇。在這場人格的較量中，膽小怯懦的約翰根本不是艾瑪的對手，最終艾瑪「殺死」了約翰，占據了約翰的身體，並製造了約翰死亡的假象。

這是電影《雙面鬼計》（*Peacock*）中的情節。很顯然，約翰是個被勒索者，他的母親是個勒索者。雖然與母親在一起的生活讓約翰很痛苦，但當母親離開後，約翰同樣很痛苦，這意味著他要發生改變，但他的性格已經根深蒂固，根本改變不了，就只能分裂出一個與母親十分相似的人格 —— 艾瑪。

對於被勒索者而言，想要做出改變就必須為自己尋找一個感情寄託，將勒索者排除出自己的感情生活。這個過程十分痛苦，就好像剔除腐肉一樣。可是當痛苦過後，被勒索者就能從勒索者的陰影中走出來，並自動與他人建立起正常的親密關係，於是創傷處就長出了「新肉」。

期待帶來的壓抑

—— 情感監禁

　　楊女士38歲了，是個單親媽媽，與兒子陽陽相依為命。雖然楊女士已經離婚十幾年了，但還未從離婚的陰影中走出來。楊女士總覺得自己命不好，嫁了一個沒良心的男人，自己全心全意地對待他，卻遭到了他的背叛。離婚後不久，楊女士就失業了，這對她來說可是個不小的打擊，為了養活兒子，楊女士四處打零工，十分辛苦。好在陽陽很讓楊女士欣慰，不僅聽話，成績也非常不錯。

　　隨著陽陽年齡的增長，楊女士對他越來越失望，她覺得兒子變得不聽話了，總是跟自己唱反調。在16歲的陽陽看來，媽媽是個不可理喻的女人，他覺得自己成績又沒退步，和同學一起出去玩是很正常的。

　　有一次，陽陽終於獲得了楊女士的許可，可以出去玩了。陽陽立刻和同學一起到網咖玩，但被楊女士發現了，楊女士狠狠地責備了陽陽。之後陽陽就很難與同學一起出去玩了，為此陽陽和楊女士發生了多次爭吵。

　　元旦期間，陽陽的學校放假了，他回家和楊女士商量著要和同學出去玩。楊女士問去哪裡玩，陽陽說去 A 市。楊女士根本不同意，他們住在 B 鎮，距離 A 市有十多公里。到了晚上七點左右，陽陽再次提出要到 A 市玩，楊女士堅決不同意。陽陽沒有妥協，直接跑了出去，還對楊女士說：「我再也受不了了，我忍了妳十多年了！」

　　有了這次的事情，楊女士對陽陽看管得更加嚴格，每當陽陽提出出去玩的要求時，楊女士都會拒絕。如果陽陽堅持要出去，楊女士就會又哭又鬧，還會說：「如果你再不聽話，我就把你送到你爸爸那裡，我再也不養你了！」大多數情況下，陽陽都會在楊女士的威脅下妥協。

　　楊女士對陽陽抱著很大的期望，她覺得自己所有的人生希望都在陽陽身上。陽陽是個頭腦很靈活的孩子，成績一直很不錯，楊女士覺得自己學歷低，就下定決心一定要把陽陽培養成才，不能輕易讓陽陽出去和同學們一起玩，以免耽誤功課。

　　每當陽陽放假在家時，楊女士都會要求兒子陪她看電視，看的內容都是家庭劇，通常都與離婚、婚外情有關。這讓陽陽十分反感，他覺得這樣的電視劇翻來覆去都是相似的內容，看起來非常無聊。有一次，陽陽陪著媽媽看一個電視劇，電視劇的女主角與楊女士的經歷十分相似，於是楊女

士就開始絮叨起來，說陽陽的父親當初這是這樣對她的。陽陽一聽就很煩，直接說：「如果我是男主角，也會拋棄女主角。」陽陽這樣說，其實只是為了發洩一下，但楊女士卻覺得自己「飼老鼠咬布袋」，開始教訓陽陽，說陽陽不懂得感恩。

陽陽已經 16 歲，正值青春期，是個渴望獨立的年齡，他雖然在生活上會依賴母親，但卻要追求精神上的自由，即和楊女士拉開一定的距離。但楊女士並沒有意識到這個問題，反而覺得孩子長大了，應該看得更緊一些。於是雙方之間的衝突就變得越來越頻繁。

我們常常說父母是偉大的，因為父母表達愛的方式是無條件地付出，對孩子是無條件的接納。但在現實生活中，還有不少父母對孩子有著很大的期待，即希望自己的付出能得到回報，希望孩子能好好讀書考大學、聽父母的話。在父母看來，這種對孩子的期待是為了孩子好。但從孩子的角度來看，這種期待是一種無形的壓力，自己必須得按照父母的期待去做，不然就對不起父母的付出，儘管父母所期待的並不是自己本身的需求。

期待常常與兩方面有關。一方面是為孩子好，父母的愛對孩子來說十分重要，孩子需要從父母這裡獲得愛的滿足。而對父母來說，也希望子女能滿足自己的一些要求，即完成

父母的期待。從另一方面來看，父母的期待的確是為了孩子好，按照父母的要求，孩子才能好好生活，照顧好自己。但是父母常常會忽略一點，自己認為好的，對孩子來說未必就是好，也就是所謂的「汝之蜜糖，彼之砒霜」。

當孩子達不到父母的期待時，有的父母會採取強制的方式，於是情感監禁就會出現。情感監禁雖然冠以愛的名義，但說到底是父母為了滿足自己。在情感監禁中，父母的愛就變成了一種壓迫、一種攻擊和一種無法承受的照顧。於是接下來就會出現掙脫父母情感監禁的現象，畢竟孩子隨著年齡的增長會漸漸意識到要為自己而活，這是一種成長的需求。

凡是從情感監禁中獲得自由的人都會有這樣的體會，為過去的自己感到悲哀，慶幸自己終於擺脫了父母的控制。但是會留下一些後遺症，即無法與人建立起親密關係，會情感焦慮，一方面渴望能與人建立親密關係，例如夫妻關係，另一方面又害怕新的親密關係會使自己重新回到情感監禁的狀態中。

其實在親密關係中，不論是親子關係還是夫妻關係，期待是必不可少的，因為沒有期待就很難建立起親密關係。但對於剛從情感監禁中解脫出來的人來說，期待就意味著壓力，他不想要這種壓力。在親密關係中，期待是無法避免的，但這種期待不能給對方造成壓力，否則就會帶給對方傷害。

四海之內皆我媽

—— 巨嬰的形成

　　巨嬰性格，即極度自私、以自我為中心、認為所有人都要像媽媽一樣無私地為自己奉獻，簡直就是「四海之內皆我媽」。他們將自己的事情看得比天還大，對於別人的感受和利益一點也不關心。

　　巨嬰就是指，一個人雖然已經成年了，但心理發展水準仍滯留在嬰兒時期。巨嬰性格的人有一個十分顯著的特點，即浮誇型自戀（grandiose narcissism）。他們認為自己是世界的中心，所有的人都要圍著自己轉，屬於自己的附屬品。於是在人際交往中，巨嬰性格的人不能做到為他人考慮，無視他人的感受和利益。

　　除了以自我為中心外，巨嬰性格的人還有另外一個特點，即脫離現實。他們生活在自己想像的世界中，無法面對現實，當自己遭到質疑時會強烈地牴觸。這意味著巨嬰性格的人無法接受挫折，一旦遇到挫折就會產生崩潰感，從而將所有的責任都推卸給他人。

　　巨嬰性格的形成與他所接受的家庭教育是分不開的，他們常常在過度溺愛的家庭氛圍中長大。在嬰兒時期，母親會全心全意地照顧我們，盡可能地滿足我們的需求。但隨著年齡的增長，這種「包辦」教育會阻礙我們獨立，不少母親都會有意識地訓練孩子走向獨立，讓孩子意識到這個世界上除了媽媽以外，還存在其他人和事物。而在過度溺愛下長大的孩子由於得到了父母過度的保護而無法獲得成長，於是就漸漸發展成了巨嬰。

　　安妮在懷孕期間就對孩子的降生充滿了期待，她雖然不喜歡古典音樂，但得知古典音樂能刺激胎兒大腦發育後，她就開始堅持聽古典音樂。在孩子約翰誕生後，安妮更是把所有心思都花在了約翰身上。安妮的母親有時候會來探望女兒和外孫，但看到安妮的教育方式後對她說：「妳會寵壞這個孩子的。」安妮覺得母親說得不對，繼續按照自己的教育方式去教育約翰。

　　在約翰讀小學期間，他的表現很讓父母滿意，成績一直不錯。在安妮和她的丈夫看來，教育孩子時最好使用表揚，表揚的方式總比責備好得多。有一次，約翰的成績不盡如人意，只得了個B。回家後，約翰悶悶不樂地告訴安妮自己的成績，安妮還是表揚了約翰，她不想讓約翰的自尊心受到打擊。上中學後，約翰的成績開始下滑。有一次，約翰在考試

時作弊了。安妮和丈夫得知後找約翰好好談了談，但約翰好像並未意識到自己的錯誤，堅持辯解學校裡的每個人都在作弊，最終安妮只好作罷。

到了高中時，約翰的表現更加糟糕，他開始厭倦上學，總是想著和朋友出去鬼混。在約翰16歲生日時，安妮和丈夫送給了他一份大禮 —— 一輛汽車。約翰不僅沒有好好地感謝父母，還說自己一個朋友的車比這輛更好。

此後，約翰變得越來越喜歡胡鬧，晚上也不回家。安妮想要好好教訓一下約翰，但是卻害怕會徹底激怒約翰。後來約翰開始從安妮的錢包裡偷錢，安妮得知後並沒有懲罰約翰，只是將錢包藏了起來。

安妮曾向約翰提出過要他上大學的要求，但約翰對上大學毫無興趣，他覺得上大學是個毫無意義的過程。後來約翰找了一份工作，但沒能堅持下來。每當約翰手中的錢不夠用時，他就會打電話跟父母索要。

安妮的性格屬於付出型的，她的自我歸屬感非常微弱，難以意識到自己的需求。因此在照顧孩子的過程中獲得了歸屬感，並覺得被孩子需要、依賴是一件很有價值的事情，於是總是過度地溺愛孩子，總是給予孩子過多的誇讚、無效的懲罰，很容易讓孩子養成巨嬰的性格。

冷漠，致人心死
—— 零回饋

　　阿龍是個混社會的年輕人，並染上了毒癮，在一次吸毒時被警方抓了個現行。當阿龍被抓時，他表現得十分反常，渾身發抖。警察覺得很奇怪，就對阿龍進行了血液採樣和指紋對比。在驗證指紋的過程中，牽扯出了一起搶劫殺人案，該案發生在 10 年前，案發現場遺留的指紋與阿龍的指紋一樣。在警察的追問下，阿龍主動交代了犯罪事實，原來他曾在 10 年前參與了一起搶劫殺人案，他還交代出了一名同夥 —— 阿雷。

　　很快，阿雷被警方找到了。阿雷與阿龍不同，不是個混社會的人，他是一家通訊行的業務員，而且還有一個幸福美滿的家庭。據阿雷的同事反映，阿雷不僅業績好，人緣也不錯，不像是會做出搶劫殺人這種犯罪行為的人。

　　為什麼阿龍和阿雷會犯下搶劫殺人案呢？原來他們都有一個不幸福的童年，遭受了家庭冷暴力，經常面對父母的冷漠。10 年前的阿龍和阿雷只有 16 歲，都輟學了，在社會上混吃混喝。在一次搶劫殺人後，阿雷就和阿龍分道揚鑣了，阿

龍繼續混社會，阿雷則決定回到學校重新開始。

　　阿龍所遭受的家庭教育十分簡單粗暴，他是家裡的長子，有幾個弟弟妹妹，他父母的脾氣都很暴躁，經常打罵孩子。阿龍的功課不好，為此常常遭受媽媽的打罵。在家裡不順心的阿龍，就只能到外面惹是生非。當父母得知阿龍闖禍後，阿龍就會挨打。於是阿龍的成績越來越差，早早地就輟學了，在社會上混日子，甚至走上了犯罪的道路。

　　阿雷與阿龍不同，他從小就成績優異，經常獲獎，但他的父母卻從來不關心他。阿雷父母的婚姻很不幸福，夫妻二人經常不回家，也不會對阿雷表示關心。阿雷在家中唯一能依靠的就是爺爺，在爺爺的關心下，阿雷還能乖乖待在學校讀書，當爺爺和媽媽鬧翻後，阿雷就開始和成績不好的孩子一起玩，當媽媽得知後只說了一句：「天天和壞孩子混，總有一天要進監獄。」

　　美國心理學家黛安娜‧鮑姆林德（Diana Blumberg Baumrind）在家庭教育問題上提出了四種教養方式，即權威型、專斷型、放縱型、忽視型。

◆ 權威型

　　權威型教養方式屬於一種理性且民主的教養方式。採用這種教養方式的父母通常會對孩子提出合理的要求，以確保

孩子遵守規則。父母會採取積極的態度對待孩子，充分尊重孩子的需求。

在權威型教養方式下長大的孩子在認知能力、社交能力這兩方面都占有十分明顯的優勢，能養成獨立、自信、友好的性格。

◆ 專斷型

專斷型教養方式是一種獨斷專行的教養方式，父母會為孩子制定許多需要遵守的規則，孩子必須嚴格遵守，對父母的要求要絕對服從。父母對孩子的需要常常不重視，也不會費心向孩子解釋為什麼要遵守規則。一旦孩子沒有按照父母的要求去做，那麼父母就會變得非常憤怒，會使用懲罰的策略強制要求孩子順從。

在此種教養方式下長大的孩子，常常會表現出焦慮和退縮的性格特點，在社交方面存在明顯不足，有易怒、不友好的性格缺陷，不太討人喜歡。不過他們在學校的表現還是不錯的，也很少會出現反社會行為。

◆ 放縱型

放縱型教養方式屬於過於寬容的教養方式，父母很少會對孩子提出要求和定規矩，允許孩子自由表達自己的感受或自主做決定。由於孩子的年紀較小，不具備自主的能力，所

以必要的控制是必不可少的，但父母卻沒有這方面的要求，任由孩子養成不良的生活習慣。當孩子出現違反規則的行為時，父母只會採取忽視或接受的態度，很少對孩子發怒或進行懲罰。

在這種教養方式下長大的孩子看起來十分幸福，但隨著年齡的增長就會暴露出許多缺點，性格上有衝動、富有攻擊性、合作性差、以自我為中心、獨立性差、自信心不足的特點。在學校的表現也很差，成績通常比較糟糕。

在上述的三種教養方式中，就數權威型教養方式最成功。鮑姆琳德在此項研究中，透過觀察一批兒童和父母的互動對他們進行了教養方式劃分，然後當這些兒童長到八九歲時對他們在學校的表現再次進行觀察，結果發現在權威型教養方式下長大的孩子表現最優秀，沒有出現問題行為。

◆忽視型

最後一種教育方式是忽視型的，這是最不成功的一種教養方式。父母與孩子之間的互動很少，孩子在一種極端寬鬆、缺乏關心的環境下長大。當孩子出現積極的情感反應時，父母不會給予回饋，基本上是不聞不問，甚至會流露出厭惡的情緒。為什麼父母會對自己的孩子不聞不問呢？要麼是父母拒絕接受自己的孩子；要麼是父母整日被自己所面臨的壓力和問題所困擾，沒有時間和精力去照顧孩子。畢竟培

養孩子良好的行為習慣是需要花費很多精力和時間的。在這種教養方式下長大的孩子有十分明顯的行為問題，在他 3 歲的時候就已經顯現出來，如攻擊性較強、以自我為中心、發脾氣、學校表現差。當孩子步入青春期的時候，問題行為會越來越多，甚至會出現酗酒、吸毒、不正當性行為或犯罪行為。

為什麼在忽視型教養方式下長大的孩子更容易出現反社會的行為呢？一個孩子從小生活在一個冷漠、被忽視的環境下，他的心就會慢慢死去，因為他的任何積極反應都得不到回饋，為了獲得關心，他只好透過破壞規則來引起注意，雖然這種關注是負面的，但總比被人當作不存在要好。

小宇的爸爸工作很忙，每天回到家都很疲憊，每當小宇讓爸爸和他玩遊戲時，爸爸就會對他說：「不要有事沒事總叫我，你這樣很煩人。」幾次之後，小宇在爸爸的這種冷漠回應中漸漸心死，他開始變成了一個到處惹是生非的孩子，似乎這樣就能得到爸爸的關注。

在家庭這樣的親密群體中，冷漠是最具攻擊性的武器，其殺傷力在兒童身上是最大的。如果一個孩子從父母那裡得到的回應永遠是冷漠，那麼在他長大後會永遠陷入孤獨之中，覺得他人不可依靠，自己獨自一人也很痛苦，他沒有安全感。

安全感與親子關係存在著很大的關係。如果一個人從小與父母建立起了積極的互動模式，父母會給予自己積極的回饋，那麼我們就會產生一種溫暖的感覺，會覺得自己是有價值的，並形成安全感。

如果父母總是愛理不理，他就會產生一種自己不被接受的感受，會覺得自己的存在是一種累贅，很容易養成自閉、內向的性格。

晶晶從小與爺爺奶奶生活在一起，爸爸媽媽對她來說十分陌生。晶晶媽在家裡的地位很低，因為晶晶的爺爺奶奶有重男輕女的思想觀念，因此對晶晶媽並不怎麼好，這導致晶晶媽在家裡的表現非常冷漠。

每當晶晶媽放假在家看孩子的時候，也不會主動與晶晶互動，只會在一旁做自己的事情，比如接電話、玩手機。晶晶則自己一個人玩耍，不會主動找媽媽玩。晶晶因此養成了內向、孤僻的性格，在幼稚園裡不會主動和小朋友玩，只會獨自在角落裡玩。

像晶晶媽這種冷漠型的母親並不少見，她在面對孩子時會顯得非常冷漠，這是因為她將孩子看成了自己不幸的根源。由於晶晶媽很少會抱孩子，整個人看上去非常嚴屬，所以晶晶的反應同樣冷漠，總是處在孤獨、憂鬱的狀態中。

　　晶晶在人際交往中已經顯現出了懼怕親密接觸的傾向，這與晶晶媽的冷漠是分不開的。因為晶晶在與母親相處的過程中，積極依賴媽媽的渴望總是落空，於是就產生了一種不需要母愛的心理。表面上看起來晶晶很獨立，媽媽在看手機時也能自己安安靜靜地玩耍，實際上晶晶卻在否定自我的需求。

　　冷漠的母親對於幼兒來說就相當於一個陌生人，幼兒常常會採取迴避的方式來對待冷漠的母親。但這並不意味著冷漠不會給幼兒帶來傷害，在幼兒的心靈中早早體會到了焦慮的滋味，這種幼年時期的焦慮會隨著年齡的增長漸漸變成一種靈魂深處的痛苦。當幼兒成長為成年人後，他無法好好享受親密關係帶來的快樂，極有可能會以冷漠的態度對待另一半，同時還要從對方那裡無節制地索要關懷。最極端的情況下，他會將忽視型的教養方式延續下去，同樣冷漠地對待自己的孩子。

第五章

性格與同伴 —— 平等互動的開始

研究顯示，在青春期前期如果有親密的朋友，那麼就為自我價值感的建立提供了基礎，孩子的自尊心更強，會覺得自己更有能力，更有抱負。在兩性關係的處理上，更容易打破性別的界線，與異性交朋友，並發展成戀愛關係。

我和小夥伴
—— 同伴的吸引力

　　1931 年，印第安那大學心理學教授溫思羅普·凱洛格（Winthrop Niles Kellogg）在腦海中策劃過一項實驗，即將一名剛出生的嬰兒放到毫無人類社會影響的荒郊野嶺，然後暗暗觀察並記錄下他的成長過程。沒有人會允許凱洛格進行這樣一項瘋狂的實驗，這是反人類的，會遭到來自全社會的指責和謾罵。於是凱洛格就只能將該實驗進行改良，即將野外生活的動物放在人類家庭中，然後觀察人類對動物的影響。凱洛格召集了一批志願者父母，這些父母要按照凱洛格的要求照顧一隻小猩猩，必須像對待自己的孩子一樣對待牠。幾乎沒有父母能堅持按照凱洛格的要求去做，他們照顧自己的孩子已經分身乏術了，哪有那麼多的時間和精力去照顧一隻黑猩猩。

　　不久，凱洛格的兒子出生了，在徵求妻子同意的情況下，凱洛格收養了一隻黑猩猩，黑猩猩有 7 個半月大，凱洛格替牠取名為古亞。此時凱洛格的兒子唐納德才 10 個月大。

由於黑猩猩在嬰兒期的發育比人類快一點，所以凱洛格故意找了一隻比唐納德小兩個半月的黑猩猩，從而彌補他們之間的差距。

凱洛格想讓古亞在人類家庭中長大，看看能否讓古亞這隻黑猩猩擁有人類所特有的能力。但實驗的結果卻遠遠超出了凱洛格的預測。

在人類家庭中的古亞生活得很幸福，因為當牠在佛羅里達橘園和其他黑猩猩一起生活時，必須得待在鐵籠裡；而在凱洛格的家中，古亞很自由，不用被關在籠子裡，也不會被鐵鍊拴柱，牠就好像凱洛格夫婦的另一個孩子一樣，每天按照人類的規則穿衣服、穿鞋、吃飯。漸漸地，古亞適應了人類家庭的生活，牠開始將唐納德看成自己的兄弟。實際上，凱洛格夫婦在訓練唐納德如廁、刷牙、洗澡等生活習慣時，古亞也參與其中。他們一起接受凱洛格夫婦的語言訓練，還一起學騎小機車。

唐納德與古亞的關係很親密，排除外形上的差異，他們就好像一對親姐弟一樣。唐納德最喜歡的惡作劇之一，就是扶著學步車突然向古亞衝去，猝不及防的古亞會被撞倒在地，看著古亞倒在地上，唐納德會開心得哈哈大笑。面對唐納德的惡作劇，古亞也不生氣，牠很喜歡和唐納德一起玩耍嬉戲。唐納德和古亞還會相互安慰，如果有一個哭了，另一

個會上前用拍拍或抱抱的方式來安慰對方。

　　古亞的學習能力比唐納德更強，牠比唐納德更快學會了穿鞋子、用門把手開門、用杯子和勺子吃喝、在排便前先請示。每當古亞因為做錯事被凱洛格夫婦責罵時，牠會發出「嗚嗚」的哭聲，會鑽到對方的懷抱中，並親吻對方，當對方接受了牠的親吻時，牠才能如釋重負。

　　凱洛格為了觀察古亞和唐納德誰最先知道利用工具，就將他們分別關在一間屋子裡，把餅乾用繩子吊了起來，想吃餅乾，就必須得站到椅子上。古亞的表現要比唐納德好很多。

　　不論凱洛格如何教育唐納德，唐納德都更熱衷於模仿古亞的行為，學習古亞咬人、咬牆、用四肢爬行。最糟糕的是，不論凱洛格夫婦怎麼教他學習單字，唐納德還總是用黑猩猩的方式來大喊大叫，例如唐納德會用尖叫索要食物。

　　當實驗進行了 9 個月時，凱洛格的妻子發現兒子的行為越來越像黑猩猩，像唐納德一樣年紀的 19 個月大的孩子早已經掌握了 50 多個單字，並學會用這些單字造句，但唐納德卻只學會了 3 個單字。於是她就懇求凱洛格結束實驗，這項本打算進行 5 年的實驗就這樣結束了。

　　古亞被送回了佛羅里達橘園，和親生母親一起生活在鐵籠子裡。古亞在黑猩猩的群體裡生活得很不適應，牠與其他

黑猩猩相比，顯得那麼格格不入。古亞在凱洛格的家裡時，顯得活潑開朗，每當凱洛格夫婦搔牠癢或把牠盪來盪去的時候，古亞都會發出快樂的笑聲。但在佛羅里達橘園，古亞變得鬱鬱寡歡起來，最終憂鬱離世。

唐納德的情況要好很多，在古亞離開後，他開始和其他人類同伴相處，並開始出現人類該有的行為，長大後，唐納德考取了哈佛大學醫學院。

為什麼唐納德會熱衷於模仿古亞，甚至還學會了古亞的黑猩猩語言，而不是父母所教給他的人類語言呢？這是因為在唐納德看來，他與古亞的地位是平等的。親子關係對一個人性格的發展固然是重要的，但在家庭中，父母的地位比較高，孩子需要仰視父母，孩子在家裡的地位是從屬性的，他需要服從成人的權威。對於兒童來說，他與同伴的地位比較平等，雙方想要好好相處，或一起玩遊戲，就必須得學會理解對方、學會協商、學會讓步。這些都屬於社會能力的範疇，只有在同伴之間才能學會，很難從父母那裡獲得，因為社交能力需要在平等地位的基礎上發展。

隨著一個人年齡的增長，他開始獲得一項重要的認知能力，即自我歸類，這有助於他學會融入群體。在嬰兒時期，我們就已經具有了這項能力，能根據年齡和性別對人們進行分類。在唐納德看來，父母屬於成人世界，是權威的存在，

古亞則和他屬於同一類別，都是孩子，是自己的同伴，並透過模仿對方行為的方式來學習。

此外，古亞的角色相當於唐納德的姐姐，是一個年長的同伴，因為古亞總是能很快地學會人類的生活技能。不同年齡之間的互動在一個人入學前十分常見，例如家中有兄弟姐妹的孩子，或者與親朋好友家的孩子相處。

不同年齡之間的互動往往會造成失衡的同儕關係，因為年齡較大的兒童比年幼兒童擁有更多的權力。對於年長兒童來說，他可以從與弟弟妹妹的相處中發展同情心、親社會傾向、果斷性以及領導能力，因為他在與弟弟妹妹的遊戲中往往占據著主動地位，甚至需要制定出遊戲規則。年幼的兒童也能學到更多的新技能，例如怎樣尋求幫助、學會順從比自己強的夥伴。這些都是無法從父母那裡獲得的社會能力。

學校生活是我們每個人都要經歷的，在學校裡我們會遇到更多的同齡人。最初，同學們之間並不熟悉，只會劃分出老師和同學這兩個類別。一段時間後，就會出現男生和女生的類別。時間久了，班上的小團體越來越多，例如常見的成績好的學生和成績差的學生。我們常常聽到這樣一句話：「物以類聚，人以群分」，我們不僅會將自己歸類到某個群體中，還會越來越認同所屬的群體，並和群體成員保持一致，例如在行為、服裝上和群體內的同伴們保持一致。每個群體

都有屬於他們的小規則，人人都得遵守，不然就會被排除在群體外。

取笑常常是群體的懲罰方式之一，被取笑的人會覺得羞愧難當，從而改變自己，遵守群體規則。當然也有不會被取笑的人，他常常面臨著被排擠的命運，這種懲罰比取笑更加折磨人。

在進入青春期之前，兒童對於群體的劃分常常以性別為基礎，即與同性朋友形成小團體，這是因為男孩與女孩的遊戲方式往往不一樣。通常情況下，男孩容易形成小圈子，女孩則是一對一的朋友。男孩需要在小圈子裡進行競爭性或群體性的遊戲，女孩則需要與一兩個朋友建立起長期的親密關係。

「仲永」沒有同伴

—— 病態的成長

　　威廉‧詹姆斯‧席德斯（William James Sidis）是一個神童，估計他的智商超過 250，是人類歷史上最聰明的人。他的父親鮑里斯‧席德斯是一位著名的心理學教授，出生在烏克蘭的一個猶太人家庭中，為逃避沙皇俄國頒布的《五月法案》對猶太人的迫害，移居美國。

　　西元 1898 年，席德斯出生了，他的父親替他取名為威廉‧詹姆斯，這是一個著名心理學家的名字。不久之後，鮑里斯就發現這個孩子很特別，是個天才，僅僅 8 個月大就能指出地球的衛星為月亮，於是鮑里斯就開始花心血來培養席德斯。

　　鮑里斯是個心理學家，他與當時的許多權威人士一樣，都認為教育十分重要，只要能對孩子進行適當的訓練，所有的孩子都能成為天才。

　　席德斯有很高的語言天賦，據說他生前一共掌握了 200 種語言並能在一天之內學會一門外語，而且能互相翻譯。在

他 18 個月大時，就已經能閱讀《紐約時報》，2 歲時自學拉丁文，3 歲時自學中文，4 歲時可以閱讀希臘文版的《荷馬史詩》、拉丁文版的《高盧戰爭》。對於普通兒童來說，席德斯簡直就是逆天般的存在，不斷創造著奇蹟，在他 9 歲時就通過哈佛大學的入學測試。不過，哈佛大學並沒有讓席德斯入學，嫌他年紀太小。11 歲時席德斯進入哈佛大學學習，精通高等數學和天體運動。他的才華讓大家震驚不已，麻省理工大學的教授預言，席德斯會成為一位偉大的數學家。

16 歲時，席德斯從哈佛大學畢業了。之後，他留校教書並繼續學習。不到一年，席德斯就離開了哈佛大學，因為他的學生比他的年紀還大，他總會遭受來自學生的質疑。過沒多久，席德斯轉入哈佛法學院，但並沒有拿到學位。

席德斯由於神童身分頗有社會名氣，是不少小報記者的寵兒，但記者們更希望這位神童能做出一些「轟動性」的行為，這樣的新聞更有意思。席德斯沒有讓記者「失望」，21 歲時，他因為參加社會主義遊行而被逮捕，並被判入獄 18 個月。這已經是爆炸性的新聞了，但席德斯在接受審判的時候拋出了更具轟動性的言論，他說自己是第一次世界大戰的反對者，是社會主義者。席德斯古怪的行為引起了父母的不滿，父母將他送到療養院，並企圖「改造」他，還經常用送他去精神病院威脅他。於是，席德斯與父母反目成仇，在父

親過世時甚至拒絕參加父親的葬禮。

成年後的席德斯過上了獨立的生活，他不用再受父母的控制，他找了一份自己喜歡的工作，這是一份不用動腦筋、收入很低的文書工作。席德斯沒什麼朋友，也沒有結婚，他最大的愛好就是收集公車的轉乘券，還專門寫了一本與此相關的書。不過這本書的內容十分無聊。46 歲時，席德斯去世了，他至死也沒能適應社會。

神童是一群很特殊的人，他們由於智力超群，在學業上往往超乎常人，在他們的周圍沒有同齡人。對於神童的父母來說，能有一個天才式的孩子簡直就是天上掉下來的餡餅，一定要好好培養，不能浪費孩子的天賦，於是他們會讓孩子跳級，甚至十來歲就考入大學。這無疑讓神童喪失了與同齡人相處的機會，他們很有可能會出現社交和情感方面的問題。

在周圍人看來，席德斯的行為很古怪，讓人無法理解，而席德斯也從來沒有向外界吐露過自己的感受，我們無法知道一直生活在成人世界，沒有同伴的席德斯到底是什麼樣的心境，不過下面這個人的感受應該與席德斯是相同的。

在美國中西部有一個很特殊的農民，他的名字叫喬治，他沒有結過婚，也沒有朋友，一生都生活在孤獨之中。喬治是家中的獨生子，他所生活的地方是一個偏僻的農村，村裡

沒有同齡的孩子可以玩耍。到了上學的年齡後，喬治離開了家，到外面上學。由於從小生活在成人的世界裡，喬治不知道該怎麼與同學交流，他沒有朋友，總是被其他孩子們嘲笑，說他是「媽媽的寶貝」。

隨著年齡的增長，喬治班上的男孩子開始說粗俗的話，這是他們特定的交流方式，他們覺得這樣很酷。但喬治不知道他們說的是什麼意思，當喬治問這些詞的意思時，男孩們就會嘲笑他。久而久之，喬治就不再問了，但他總是無法聽懂男孩們在說些什麼，也無法融入他們。

到了高中時期，班上的其他男孩開始和女孩約會。喬治從來沒和女孩說過話，也不會和女孩一起玩，於是喬治就只能聽別人約會的故事。

對於喬治來說，他的生活中總是充滿了困難，他沒有結婚，在職場上也不是很成功。成年後喬治就開始找原因，他想弄明白自己為什麼與別人都不一樣。最終喬治認為與他小時候的經歷有關，他在上學前從來沒有同伴，這影響了他交朋友的能力。在他看來，父母應該允許孩子與同齡人在一起玩耍，或者應該努力為孩子尋找同伴，從而促進孩子的健康發展。

在一個人的成長過程中，同伴發揮著十分重要的作用。在權威型、專斷型、放縱型、忽視型這四種家庭教養方式

中，權威型的教養方式下長大的孩子在交友能力上是最好的，剩下的三種教養方式雖然會阻礙一個人的交友能力，但如果能獲得一個親密的朋友，那麼孩子的社會適應能力將會大大提高。

如果一個人很不幸，成長於一個問題家庭，例如父母離婚或與冷漠型的父母一起生活，同伴對他來說就變得尤為重要，一個親密的朋友可以給予他情緒上的安撫，並讓他更容易承擔起生活的壓力。如果一個成長於問題家庭中的孩子失去了一個親密的朋友，那麼他的自我價值感就會大幅度下降。

對於一個兒童來說，進入幼稚園是個極大的挑戰，不少孩子都需要一個適應的過程，但如果他能和一個經常與自己玩遊戲的孩子一起進入幼稚園，那麼相比較於獨自一人進入幼稚園，他會更加喜歡幼稚園，很少會出現適應問題。總之，同伴有助於我們應對所遇到的困難，這不僅適用於幼稚園，國小、國中、高中也是如此，每當我們面對一個新的挑戰時，如果有朋友的陪伴，那麼困難就會變得容易克服了，朋友會給我們以情感上的支持。

隨著年齡的增長，我們會越來越願意與朋友在一起。例如對於一個小學生來說，父母最重要。對於一個國中生來說，朋友和父母同樣重要。但對於一個高中生來說，朋友更

重要，因為朋友能提供更多的社會支持。

　　如果一個人的成長過程中沒有同伴的參與，那麼隨著他年齡的增長，社會適應能力就會變成一個巨大的阻礙。社會適應能力通常與自我價值感和處理兩性關係的能力有關。在上述案例中，神童席德斯的起點很高，但卻碌碌無為，也沒有結婚。喬治雖然只是一個普通人，在職場上也總是困難重重，同樣沒有結婚。

　　研究顯示，在青春期前期如果有親密的朋友，那麼就為自我價值感的建立提供了基礎，孩子的自尊心更強，會覺得自己更有能力，更有抱負。在兩性關係的處理上，更容易打破性別的界線，與異性交朋友，並發展成戀愛關係。在一個人步入青春期之前，交朋友常常有男女的界線，例如男孩只和男孩玩，女孩只和女孩玩。但隨著年齡的增長，到了青春期的中期時，性別之間的界線被打破了，開始出現異性朋友，這為將來的戀愛關係奠定了基礎。

剛性需求

—— 同伴的重要性

查斯特‧班寧頓（Chester Charles Bennington）是搖滾樂隊聯合公園的主唱，聯合公園是一支來自美國加州的搖滾樂隊，作為這支樂隊的靈魂人物，班寧頓除了有讓人震撼的嗓音外，還有獨特的魅力，人們能從他扯著嗓子大喊中感受到他的情感。不論班寧頓在成年後取得了如何輝煌的成就，都無法掩蓋他灰暗的童年，他選擇自縊死亡也與他的童年經歷是分不開的。

班寧頓的家庭生活中雖然有哥哥和姐姐，但他與他們的關係並不親密。上學以後，班寧頓幾乎沒有朋友，他常常是校園惡霸欺凌的對象，因為他戴著眼鏡，還有一個比別人更大的額頭，這些外貌特徵讓他看起來很怪異。後來，班寧頓終於有了幾個為數不多的朋友，他很珍視他們之間的友誼，這些朋友也是他的心靈寄託。但很不幸，他的朋友們都去世了，其中一位自殺，另外兩位意外身亡。與此同時，班寧頓的父母又離婚了，這些打擊足以將一個人擊垮。

幾年後，孤獨的班寧頓又陸續交過一些年紀比他大的朋友。班寧頓在朋友們之間的地位很低，他們經常虐待班寧頓，除了毆打他外，還性侵他。無法從朋友那裡尋求慰藉，班寧頓就只能在毒品和酒精中獲得短暫的快樂。

幸運的是，在班寧頓 21 歲時，他在兄弟的介紹下在一個樂隊擔任主唱，不久後班寧頓就發現他可以透過唱歌來發洩自己遭遇挫折的憤懣，於是班寧頓就開始加倍努力練歌，直到嗓子和肺部感到疼痛，甚至吐血。這支樂隊經歷了幾次改名之後，終於確定為「聯合公園」。

對於兒童來說，父母家庭固然重要，但隨著年齡的增長，兒童會花越來越多的時間與同伴在一起，與成年人在一起的時間則會越來越少。在尋找同伴時，兒童會傾向於與自己年齡相仿且有共同興趣愛好的同性兒童玩耍。同伴交往可以促進一個人社交能力的發展，這些都無法在親子關係中獲得。對於班寧頓來說，他曾經有幾個好朋友，這些好朋友對他來說十分重要，但很不幸，他們都過世了，這讓班寧頓變得孤獨起來，他的社交能力本來就差，沒有了朋友的班寧頓就更加難以交上朋友。雖然後來班寧頓和幾個年齡較大的孩子交上了朋友，但他們之間根本不能稱之為朋友，因為他們的關係是不平等的。沒有父母的陪伴，也沒有朋友的班寧頓很容易沾染上壞習慣。

　　美國心理學家哈利・哈洛（Harry F. Harlow）曾做過一系列十分著名的猴子實驗，其中兩個實驗與剝奪母親和剝奪同伴有關，這兩個實驗充分說明了親子關係和同儕關係都會影響一個人正常的社會性發展。

　　在剝奪母親實驗中，年幼的恆河猴被迫與母親分開，但哈洛會替牠們安排同伴，讓牠們經常與同伴在一起。實驗結果顯示，這些只有同伴的猴子缺乏安全感，常常緊緊地相互擁抱在一起，牠們之間形成了非同尋常的依戀關係，但在遭遇挫折和面對壓力時很容易變得憤怒起來。此外牠們還有很強的排外性，當面對其他猴子時，攻擊性很強，這與安全感缺失有關。喪失親子關係中的安全感，當面對其他猴子時很容易受到驚嚇。當一隻猴子受到了驚嚇時，牠的本能反應就是攻擊對方。但在牠們的群體中，牠們對自己的同伴表現得很正常。

　　在剝奪同伴的實驗中，年幼的恆河猴從小就被安排與母親待在一起，哈洛不會給牠們和其他小猴子玩耍與交往的機會。這些猴子在長大後無法融入猴群中，當哈洛將牠們強制放到猴群中時，牠們會遠遠躲開猴群，自己獨自縮在角落裡。牠們無法與其他猴子和平相處，面對其他猴子時會表現出很強的攻擊性，甚至會出現反社會行為。

　　這兩個實驗結果充分說明不論是父母還是同伴，在一個人的社會性發展方面都發揮著十分重要的作用，當然這兩種

作用並不相同。我們需要負責任的父母，並與父母建立起安全的依戀，從父母那裡獲得基本的交往技能，我們還能從父母那裡獲得最重要的安全感。有了安全感，我們才能對周圍的環境進行探索，並對同伴產生興趣，從而主動接近同伴，與他們一起玩遊戲。在與同伴的交往中，由於雙方之間的關係是平等的，所以我們會調整從父母那裡獲得的基本社交技能，從而掌握更多的社會技能，這些都有助於我們將來適應社會。

哈洛的剝奪母親和同伴實驗只是在猴子身上進行，那麼實驗結果是否適用於人類呢？哈洛的實驗已經毀掉了許多猴子的幸福生活，讓許多猴子變得不倫不類，至今還在受到人們的非議，所以想要將此類實驗延伸到人的身上是不可能的，人們不會眼睜睜地看著哈洛毀掉一些孩子的人生。

雖然此類實驗在人類社會不允許進行，但卻有相似的人類案例。神童就像被剝奪同伴的人，很少能有與同齡人相處的機會，所以神童之殤的悲劇十分常見。

1951 年，安娜・佛洛伊德（Anna Freud）發現了一個與哈洛剝奪母親實驗相似的人類案例，這是 6 個相依為命的孩子，他們的年齡只有 3 歲，一直在納粹集中營生活。在他們出生後不久，父母就被殺害了，其他的成年獄友看他們很可憐，會給他們一些力所能及的幫助，後來這些獄友都死了，

他們與成年人的連繫就被徹底切斷了，他們只能與同伴相依為命。在納粹集中營這樣惡劣的環境中，許多成年人都沒有活下來，這 6 個 3 歲的孩子卻創造了生命的奇蹟。

在戰爭結束後，這 6 個孩子被營救出來，並被送往英格蘭一家特殊的治療中心。治療中心的工作人員想幫助他們恢復正常的生活，但這些孩子很不配合，他們對工作人員充滿了敵意，還會故意毀掉玩具。當工作人員試圖將他們分開的時候，他們會立刻變得憤怒起來，他們喜歡待在一起。他們彼此之間很有愛，只要他們能待在一起，他們會自然而然地做一些事情，會時刻關心彼此的感受，在吃飯的時候他們會主動把食物拿到同伴面前，好像同伴吃飽比自己吃飽更重要。

儘管這些兒童存在許多問題，例如焦慮、對陌生人充滿了敵意，但他們的適應能力很好，在進入治療中心一年後，這些兒童與成年養育者建立了不錯的關係，還學會了一種新的語言。當這些兒童成年後，他們的生活和普通人一樣，並未出現適應不良的情況。

群體對一個人的支持作用是不言而喻的。以家庭為例，家庭其實也是一個小群體，尤其在傳統社會，家庭成員的數量要遠遠超過現代家庭，或者將傳統社會的家庭稱為家族更為恰當。

　　西元 1848 年，加利福尼亞的一個山口上曾發生過一齣悲劇，一個由農夫組成的馬隊被大雪困住了，他們隨身攜帶的食物很快就被吃光了，不少人都被凍死或被人殺死，有些人的屍體被其他人當作充飢的食物。讓人奇怪的是，倖存者中婦女比較多，成年男性則很少。為什麼會這樣呢？原來這些成年男性都是單身漢，他們在出發前與周圍的人只是泛泛之交，根本談不上形成群體。但那些倖存的婦女都是跟隨著家人來的，她們與家人之間的關係十分密切，在這個小型的群體中，她們更能互相扶持，存活率更高。

　　不論是父母還是同伴，在一個人的性格形成過程中都十分重要，是必不可少的剛性需要。如果一個人能在嬰兒時期與父母形成安全的依戀，那麼他就能與同伴進行良好的互動，他們首先會進行相互模仿，盯著同伴看並報以友好的笑，進而發展成一起玩遊戲。研究顯示，與父母形成安全依戀的幼兒屬於有吸引力的同伴，能更好地與同伴相處。如果一個人沒有與父母形成安全的依戀，那麼一兩個摯友也會對他的性格發展產生積極的作用。

適應社會從同伴開始
—— 社會化

在一場即將到來的核戰爭中，一群男孩搭乘著一架飛機向南方疏散，途中飛機被擊落，男孩們雖然安然無恙，但卻被迫降落到一座荒無人煙的海島上。這是一座熱帶海島，景色非常漂亮，還有充足的淡水和食物，沒有來自成人的約束，更沒有家庭作業，男孩們可以在這裡肆意地玩耍嬉戲。

起初，男孩們生活得還不錯，會按照在文明社會養成的習慣來生活。在第一次全體會議上，一個名叫雷爾夫的少年提出了一項建議，即誰擁有海螺，誰就擁有發言權和決定權，男孩們都同意了這項建議。會議結束後，男孩們按照雷爾夫的建議去採集食物、建造房屋，還做了向海上傳遞求救信號的工具。

這樣的生活表面上看起來很美滿，每個人都各司其職，但有不少男孩心生不滿，搭建棚子和看守火堆的男孩覺得自己所負責的工作限制了自己玩耍的時間，很無聊，於是就決定跟著另一個男孩傑克去打獵，這樣他們不僅會得到自由，

還能享受打獵的樂趣，最關鍵的是還有肉可以吃。

漸漸地，海島上的男孩分成了兩個群體，分別以雷爾夫和傑克為首。這兩個群體很快開始相互殘殺，不少男孩都因此喪命了，剩下的男孩們則墮落成了一群毫無人性的野獸。作為首領之一的雷爾夫差點被傑克一方殺死，在躲避追捕的時候他幸運地遇到了英國皇家海軍艦艇並被救下。

這是英國現代作家威廉·高汀（William Golding）的小說《蒼蠅王》（*Lord of the Flies*）中的故事情節，這部小說還獲得了諾貝爾文學獎。這部小說所表達的主題很明確，即認為如果沒有文明，人們將會變成野獸一樣去自相殘殺。

其實這種觀點早就出現過，例如英國 17 世紀的哲學家湯瑪斯·霍布斯（Thomas Hobbes）就持這樣的觀點。不過也有許多人提出了相反的觀點，即認為文明是造成人類不平等的主要原因，如果我們能生活在一個沒有文明的自然世界之中，我們就會變得平等、自由起來，大家一起分擔所有的工作，分享所有的美食，每天會有大量閒暇的時間進行娛樂。持有這種觀點的人最著名的代表人物就是法國哲學家讓－雅克·盧梭。這種觀點也有相似的實例支持。

美拉尼西亞的六七個孩子意外被困在一座海島上，他們在海島上生活了幾個月，但並未出現像小說《蒼蠅王》中的血腥情節。

　　為什麼會出現與小說《蒼蠅王》相反的情節呢？難道盧梭的觀點是正確的，霍布斯的觀點是錯誤的嗎？雖然上述案例是真實的，與《蒼蠅王》也很相似，但卻有兩個重大的不同。其中一處不同是數量，上述案例中的孩子數量只有六七個，而《蒼蠅王》中的男孩數量卻有二十幾個。另一個不同之處就是上述案例中的孩子們在困在海島上之前，彼此之間的關係都很親密，他們來自同一個家族，這意味著他們不會出現分裂，因為在他們看來，他們屬於同一個群體；而《蒼蠅王》中的男孩們彼此之間都不認識或不熟悉。

　　美國作家傑克·倫敦（Jack London）曾寫過一本小說《野性的呼喚》（*The Call of the Wild*），小說的主角是一條名叫巴克的狗，牠從小生活在美國南部加州一個人類家庭中，由於長期受到主人的影響，牠完全適應了人類社會。後來巴克被賣給了販狗人，從此之後巴克的生活一下子從天堂掉入地獄。巴克被賣到了加拿大的荒野，成了一條雪橇犬。這裡的生存環境十分惡劣，為了生存，巴克戰勝了狗王，成功成為雪橇狗群中的王者。

　　後來巴克遭到了主人的毒打，就在巴克快要被打死的時候，一個名叫約翰·桑頓的人解救了牠，但桑頓從來不試圖成為巴克的主人，他將巴克看成自己的朋友。此時的巴克已經轉變成了一條狼犬，牠能頻繁地聽到來自狼的呼喚，但牠

為了桑頓一直與狼群保持著距離。後來桑頓遇害後，巴克終於回歸了自然。

排除掉這部小說中的象徵意義，只考慮一個問題，一隻從小生活在人類社會中的動物，真的能回歸自然，並在荒野中成功生存下來嗎？或許像老虎這樣的獨居動物比較容易，但如果像小說中的巴克這樣的群居動物，基本上不可能回歸自然，因為那對牠來說意味著死亡。

在現實生活中也有不少實例。亞利桑那州的一些鳥類學家就曾犯下過這樣的錯誤，他們養了 88 隻瀕臨絕種的鸚鵡，等鸚鵡長大後，鳥類學家在訓練鸚鵡們掌握了一些野外生存技能之後，就將鸚鵡們放回到了一片叢林之中。結果很不樂觀，鸚鵡們基本上都死了，很多都淪為老鷹的盤中餐。為什麼會這樣呢？鸚鵡是一種群居的鳥類，而這些被鳥類學家養大的鸚鵡根本無法融入野外長大的鸚鵡群中，失去了群體的保護，這些鸚鵡很容易死亡。

人類也是群居的動物，在遠古時期，群居生活能最大限度地保護人類的繁衍生息。雖然我們現在完全可以獨居，但群居的心理需求卻依舊存在，這就意味著離群索居很容易讓我們出現心理問題。或者可以說，社會化是每一個人都需要經歷的過程，我們可以在與他人的交往中獲得心理上的滿足。而社會化是一項需要學習的技能，這需要我們從與同伴

的相處中進行學習。

　　人類不僅有成為某個群體中一員的需求，還會被群體所影響。行為主義者在研究人類行為時往往會在動物身上做實驗，然後將實驗結果推到人類身上，例如史金納（Burrhus Frederic Skinner）做的鴿子實驗。但行為主義者往往會忽略一點，即實驗的動物數量很少，無法形成群體規模。

　　對於群體動物來說，個體在獨處時會有一種表現，處於群體中會出現另一種表現，當牠所處的群體規模較大時，牠的行為表現就會變得複雜起來。例如所羅門・阿希（Solomon Eliot Asch）做的從眾實驗。

　　阿希在實驗中使用了一個很簡單的問題，即讓參與者看一張畫著一條直線的卡片，然後再看一張畫著三條直線的卡片，最後讓參與做出判斷，第二張卡片上哪條直線的長度與第一張卡片上的直線一樣長。這是個很容易做出判斷的問題，因為第二張卡片上三條直線長度截然不同，一眼就能看出哪條直線與第一張卡片上的一樣。當一個人回答這個問題時，每個人都能回答正確。但如果將這個人放在被阿希事先安排好的一個小團體中，很多人都會選擇從眾，即給出錯誤的判斷。

　　當我們很小的時候，我們就喜歡聚集在一起玩遊戲。隨著年齡的增長，我們開始參加集體活動，例如作為班級代表

參加學校舉行的運動會。這其實就是個社會化的過程，我們會從中學會合作、競爭、分享和自我控制。

認同所屬的群體或集體是我們的本能，我們會喜愛自己所在的群體，並盡量和群體成員保持一致，但出現競爭時，我們就會仇視敵對的群體。

社會心理學家穆扎弗・謝里夫（Muzafer Sherif）曾進行過一項實驗，這項實驗與上述理論十分吻合。謝里夫及其助手選擇了 22 個健康的男孩，他們年齡相同，都只有 11 歲，都來自相同的地區，說話口音也很相似，都是白人孩子，都信仰基督教。不同的是，他們來自不同的學校，他們相互之間並不認識。這 22 個男孩被告知，他們需要到羅伯斯山洞國家公園參加 3 個星期的夏令營。

謝里夫將 22 個男孩平均分成了兩個小組，一組命名為「響尾蛇」隊，另一組命名為「老鷹」隊。他們分別被安排在不同的住處，漸漸地，兩個小組變成了兩個群體。每個男孩都成為各自群體中的一員，和自己的同伴越來越相似。例如響尾蛇隊的男孩認為他們是一群堅強的男子漢，流血不流淚，老鷹隊則不是這樣。當出現受傷的情況時，響尾蛇隊的男孩會強忍疼痛，而老鷹隊的男孩則會出現抹眼淚的情況。

謝里夫為了激發仇恨，常常舉辦一系列的競爭活動，例如棒球比賽、拔河比賽等。在比賽過程中，響尾蛇隊和老鷹

隊之間充滿了火藥味。例如在棒球比賽中，兩個隊不僅相互攻擊，還燒毀了對方的隊旗，就在雙方準備打群架的時候，研究者及時出面制止了。隨著競爭活動的增加，兩隊之間的仇恨越來越深，從最開始的叫罵變成了打架。

為了盡快制止情況的惡化，謝里夫決定舉行一項讓兩隊成員合作的活動，他告訴男孩們供水系統被人破壞了，想要保證水源，就必須得檢查所有水管，這是一項十分艱巨的任務，需要兩隊的合作。幾天之後，兩隊成員之間的仇恨消失了。

難捱的孤獨
—— 被同儕排擠

　　茉蒂從小就是個活潑的女孩子，像個假小子一樣，由於吵鬧、不安分，茉蒂還被貼上了「過動症」的標籤。茉蒂的父母一心想把女兒培養成小淑女，但茉蒂根本不配合，當母親替茉蒂穿上漂亮的小裙子時，茉蒂總會把裙子弄得髒兮兮的。

　　茉蒂有一個其他小女孩都沒有的優點，她能快速地和一群陌生人打成一片，既能和女孩做朋友，也能和男孩做朋友。由於父母工作的原因，茉蒂總是跟隨著父母一起搬家，然後轉學，到新學校適應新的環境，茉蒂總能以最快的速度交到新朋友，她開朗的性格在同齡人之間很受歡迎。

　　有一次，茉蒂再次跟著父母搬家，來到了一個新學校。這裡的環境與茉蒂之前待的學校環境一點也不一樣，這裡的女孩子個個都是小淑女，每天都穿著漂亮的裙子來上課，下課聚集在一起討論的也都是漂亮的髮型和裙子。茉蒂一下子就成了這些女孩眼中的異類，同學們便開始排擠茉蒂，不和茉蒂說話。

每天早上，茱蒂都會和鄰居家的孩子們一起上學，上學的路上其他孩子嘰嘰喳喳地聊著天，沒有人搭理茱蒂，就算茱蒂鼓起勇氣主動與其中一個孩子交談，也得不到絲毫回應。漸漸地，茱蒂再也不敢主動和同學說話，她被同學們排擠成了一個孤獨的人，茱蒂活潑開朗的性格開始變得害羞、拘謹起來。茱蒂在這所學校待了好幾年，她沒有一個朋友，只能用功讀書。

　　幾年後，茱蒂的父母又一次搬家，茱蒂又換了一所新學校，這裡沒有人排擠茱蒂，而是接納了她，茱蒂很快有了一群新的朋友。在這裡，茱蒂不再那麼拘謹和害羞，重新變得開朗起來。但是茱蒂卻從未忘記那段被排擠的時光，那段十分難熬的孤獨時光，改變了茱蒂的性格，儘管茱蒂後來重新變得開朗起來，但還是很壓抑和沒有安全感。

　　一個人為什麼會被同儕排擠呢？一個人在交朋友的時候通常都會找和自己相似的人，例如有相同的興趣愛好。在一個小團體裡，個性常常是不被接受的，與眾不同的人常常會被排擠、被取笑或被捉弄。一個人想要融入某個群體之中，遵守規則是必需的，如果藐視群體規則，勢必會受到他人的排擠。例如上述案例中的茱蒂，她會被排擠，是因為她跟班上同學的興趣喜好差異太大。

　　小孫與茱蒂正好相反，他是個很愛乾淨的男孩，會和班上的女孩子一起玩。在讀國小時，同學們嘲笑他「娘娘腔」。班上的男孩都不會和小孫玩，只有坐在小孫後面的兩個女孩子會和他說說話。到了大學時期，由於大家都懂事了，沒有人再笑小孫娘娘腔，他的朋友也多了起來。但小孫的骨子裡卻很自卑，很在意別人的評價。

　　在小孫的國小和國中時期，同性之間交朋友的現象很常見，很少會出現和異性交朋友的現象。不和異性說話、交朋友，幾乎成了班上不成文的規定，大多數人都在遵守，不然就會被其他同學嘲笑，甚至是排擠。

　　環境對一個人來說十分重要，甚至可以改變一個人的性格，尤其是與同齡人共用的環境。如果一個人能擁有不錯的人緣，在同齡人之間很受歡迎，那麼他就能獲得高自尊。自尊對一個人來說十分重要，可以激勵人們不斷改善自己，從而獲得成長。

　　自尊可以說是我們對自己進行的全面評價，但自尊會受到周圍環境的影響。當我們獲得成功時，我們對自己的評價會很高，從而獲得高自尊，這是一種非常美好的感受。當面對失敗時，高自尊的人為了維護自己的自我價值，會認為其他人和自己一樣失敗，這樣雖然有點精神勝利法，但卻能讓自己的高自尊免受威脅。高自尊往往意味著主動、樂觀和快

樂的感受，低自尊則意味著憂鬱。

　　心理學家馬克·利里（Mark Leary）認為，自尊就好像汽車上的油量表。人際關係對於每個人來說都十分重要，當我們被周圍的人排擠、拒絕時，我們的自尊就會受到打擊，從而發出警告，讓我們改變自己的言行，從而融入周圍的人際關係之中。如果我們總是遭到他人的拒絕，被人排擠，那麼我們的自尊就會降低，就會越發渴望被人接受，如果我們一直無法被同伴接受，我們就會感到痛苦，自尊會降到最低。這種痛苦就好像儀表盤上閃爍的指示燈一樣，驅使著我們透過行動來改變自己，並在其他地方尋求他人的接納和認同。

　　小宇是個大學生，他在學校裡很受歡迎，在大一時還只是個學生會打雜的，到了大三已經成了學生會主席。在同學們的眼中，小宇是一個性格陽光活潑、待人熱情的人。誰也想不到，小宇小時候曾遭受過關係霸凌，那個時候的小宇一直很憂鬱，直到高中後小宇有了朋友，才慢慢變得活潑、陽光起來。

　　在小宇讀國小的時候，曾因一次搬家來到了一所新的學校。小宇剛到新學校後不久，就隱隱感到一種圈子文化，班上分成了好幾個小團體，小宇作為一個新來的學生，沒有什麼朋友，不知道怎麼就把幾個小團體都得罪了。從那以後，小宇就被班上的同學排擠了。

關係霸凌不同於肢體霸凌、言語霸凌，不會出現無緣由的謾罵、恐嚇、勒索，或強迫做自己不願意做的事等現象，但卻會以冷淡、輕視、放任、疏遠和漠不關心的方式來對待某一個人，不和他一起玩，將他孤立起來。關係霸凌帶給人的傷害是無形的，父母老師也不容易察覺。

小宇將自己在學校裡所遇到的情況告訴了父母，父母把情況反映給了老師，老師也沒辦法，無法制止同學們孤立小宇，就讓小宇當班上的風紀股長。於是小宇被孤立的情況就更加嚴重，同學們根本就不理他。

所幸的是，小宇還有兩年就畢業了，他想著只要自己熬過了這兩年，將來讀國中的時候換個新環境，就一定能交到朋友。於是，小宇忍了兩年。

讓小宇怎麼也沒想到的是，升國中後他和小學班上的一部分同學分到了一個班，這群人在國中時繼續孤立小宇，還教唆著其他同學一起孤立小宇，國中三年小宇又是在同學們的孤立下度過的。到了高中，小宇來到了一個全新的環境，在這裡小宇終於不再被孤立，他在班上交了幾個關係不錯的朋友，小宇的性格也開始變得活潑開朗起來，成績也越來越好。

有學校老師反映，雖然關係霸凌會給一個人的心理帶來傷害，但有時候，一個人之所以會被班上的同學孤立，也可

能是這個同學自己的原因。一些學生的性格比較怪異孤僻，與大多數同學不同，在舉行班級活動時從來不會積極參與，有時候還會攻擊大家都喜歡的老師、明星，這樣的學生很容易引起大家的反感，並漸漸被同學們疏遠或排擠。在老師看來，學生們的觀點都是比較單純的，不是不和你做朋友，只是因為你太特殊了，不符合班上同學的世界觀。在上述案例中，作為初來乍到的小宇，如果沒有得罪班上的小團體，或許他也能很快融入同學們中間。

每個班上都普遍存在著一個「小丑」般的學生，他是大家取樂的對象，同學們都喜歡和這個同學玩一些過分的遊戲，或者嘲笑他。在不少老師看來，這些被捉弄的學生的確不應該遭受同學們的惡意，但他本身也存在很大問題。

「小丑」般的學生特別喜歡在同學們面前找存在感，希望能證明自己，但成績、身高、相貌、運動都很普通的他，根本無法引起別人的注意，於是就透過這種降低自己自尊扮醜的方式來取悅別的同學。面對這種情況，學生們很容易一哄而上，由最初的善意嘲笑變成了欺凌。而「小丑」般的學生也會因此形成自卑心理，甚至認為沒有一個人是友好的，會覺得自己的人生變得越來越灰暗。

當然也有一些同學會無緣無故地遭受同學們的排擠，例如來自單親家庭、身有殘疾或成績差的孩子，這些孩子因為

種種無法改變的原因而不能與同學們保持一致，因此很容易遭受歧視和冷暴力。但是這種情況會隨著年齡的增長而得到改善，當一個人進入國中或高中之後，他的思維方式會漸漸成人化，更能接受與自己不同的人。對於一些弱勢族群，會更加照顧他們的自尊心，例如面對一個身有殘疾的同學，同學們不會因此而取笑他。如果這個略顯異類的同學性格積極樂觀，那麼他一定會交到朋友。可是如果他總是很自卑，久而久之就會被大家所厭棄。

　　一些孩子本身就十分敏感，他人一句不經意的調侃，會令他傷心，甚至會讓他產生戒備、自卑的心理，他會因此變得越來越孤僻。對於孤僻的人，人們往往也會漸漸疏遠他，於是關係霸凌就出現了。對於遭受關係霸凌的人來說，被排擠是一種嚴重的精神傷害，會影響到他的性格發展，甚至會導致他的性格走上極端。這個時候，父母和老師就變得重要起來。父母應該幫助孩子調整心態，讓他以積極的心態去面對同學，如果實在無法改變被排擠的狀態，轉學也是個不錯的選擇。而老師的態度也很重要，老師應該積極宣導學生們接納被排擠的同學。

第六章

性格與生理變化 —— 被禁錮的靈魂

對於一個擁有健康身體和大腦的人來說,生理的重要性往往會被忽視。實際上,生理會使一個人的性格產生變化,尤其是腦損傷,不少腦損傷患者都會有性情大變的情況。

小腫瘤帶來的巨變
—— 腦損傷

　　艾利奧特是一個成功的商人，他還有一個幸福美滿的家庭。在公司裡，艾利奧特是個不錯的老闆，深受年輕同事的敬愛。業餘時間，艾利奧特還會和同事們出去聚會，在同事們看來，他十分有魅力，是個很好相處的人。在家庭中，艾利奧特是個負責任的父親，是一個好丈夫。在社區中，艾利奧特也是個很受尊重的人。總之，艾利奧特的一切看起來都那麼完美。

　　有一天，艾利奧特突然覺得頭痛欲裂，幾天後，艾利奧特無法忍受頭疼就去看醫生，醫生的診斷結果無異於晴天霹靂。他的顱內長了一個小腫瘤，這是一個正在生長的小腫瘤，位置就在腦部組織的內膜上，即在眼睛上方、前額後面。醫生建議艾利奧特盡快接受手術，因為腦腫瘤已經壓迫到了他的腦組織，造成了部分腦組織的損壞，尤其是前額葉皮質。

　　艾利奧特按照醫生的建議盡快接受了切除手術，手術很成功，艾利奧特恢復得也不錯，在做常規檢查時也沒發現明

顯的後遺症。在出院之前，艾利奧特還接受了智力測驗。測驗結果顯示，艾利奧特的智商並未受到手術的影響，和手術前一樣，記憶力完好、能使用和理解語言等。

出院後，艾利奧特像往常一樣去上班。同事們漸漸發現，艾利奧特的性格變了，常常無法完成工作任務，如果他正在工作，受到了打擾，他就很難重新進入工作狀態。艾利奧特從一個認真負責的老闆變成了一個不務正業的人。艾利奧特的家人也發現了他的變化，以前艾利奧特能按時起床上班，現在即使是在妻子的催促下，也總會遲到。

不久之後，艾利奧特的公司倒閉了，他變成了一個失業的男人。此後，艾利奧特就一直不斷嘗試不同的職業，最後他決定開一家投資管理公司，這需要一大筆投資款，如果失敗，艾利奧特就會傾家蕩產。但艾利奧特根本不在意，即使周圍的親朋好友都在反對，他還是一意孤行地開了這家公司。不出所料，艾利奧特的公司很快就倒閉了，他所有的財產都打了水漂，變成了一個聲名狼藉的人。後來艾利奧特的妻子再也無法忍受他，就與艾利奧特離婚了，並帶走了孩子。

艾利奧特似乎對妻子毫無留戀，他很快再婚，他的家人和朋友都不贊同他娶這個女人，但艾利奧特根本不聽，他執意和這個女人結婚了，再婚後沒多久，艾利奧特再次離婚。

此時的艾利奧特既沒有事業，也沒有家庭的支持，變成了一個流浪漢。

艾利奧特的性格為什麼會出現如此翻天覆地的變化呢？到底是什麼原因導致他從一個令人敬仰的成功人士變成了一個流浪漢呢？這與他患有腦腫瘤並接受切除手術的經歷是分不開的。艾利奧特腦袋中的小腫瘤正好破壞了負責將情緒資訊傳遞到大腦高級推理中心的腦皮質，這意味著艾利奧特喪失了體會強烈情緒波動的能力，也喪失了自我控制的能力。雖然艾利奧特的智商並未受到影響，但他的性格卻會發生巨大的變化。

腦損傷引起人性格的巨大變化這種現象其實十分常見，有些人是因為生病而造成了腦損傷，例如上述案例中的艾利奧特，又或者是腦中風的人；有些人則是因為意外事故。在沒有腦創傷之前，這些人都和正常人一樣，能控制自己的行為，很少會出現衝動的行為，但腦損傷之後他們就喪失了控制衝動的能力。

羅斯瑪麗‧甘迺迪（Rosemary Kennedy）出身於大名鼎鼎的甘迺迪家族，由於先天智能障礙，生活無法自理，從小就被送入修道院生活。當羅斯瑪麗發病時，她就會從修道院裡偷偷跑出來。她的家人覺得羅斯瑪麗畢竟是個女孩子，如果在外面意外懷孕會令家族蒙羞，於是在羅斯瑪麗 23 歲那年，

她的父親老約瑟夫為她安排了一個名為「前腦葉白質切除術」的大腦手術。

這種手術在當時的美國從來沒有人做過，具有很大的風險，但老約瑟夫還是堅持讓羅斯瑪麗接受了手術，她也因此成了美國第一個接受腦葉切除手術的人。

手術過後，羅斯瑪麗不再亂跑，她變成了一個痴呆的人，她的智商下降到與嬰兒一樣，每天都獨自坐在牆壁前呆呆地看著窗外，嘴裡還在嘟噥著什麼。

1949 年，羅斯瑪麗被家人送到了威斯康辛州一家專為「特殊孩子」而設的醫院。羅斯瑪麗在那裡度過了幾十年，直到 2005 年去世。

1930 年代，葡萄牙神經學家安東尼奧·莫尼茲（António Egas Moniz）和美國神經學教授沃爾特·弗里曼（Walter Jackson Freeman II）發明了一項神經外科手術，即額葉切除手術。人的大腦每個半球分為四個葉，其中額葉最大，大約占體積的三分之一。接受額葉切除手術的人會喪失許多功能，整個人看起來呆呆的，就像一具行屍走肉，這意味著沒有了額葉，人也就無性格可言。

額葉切除手術常常用來醫治一些精神病，例如思覺失調症、憂鬱症等。一些被人們認為有神經病的人也會被迫接受額葉切除手術，例如有些人表現出喜怒無常、輕狂等性格特點。

莫尼茲是從古埃及的木乃伊中獲得了靈感。莫尼茲發現木乃伊中有幾具的頭蓋骨上有洞，就去查閱了相關資料，資料顯示這些洞是治療癲癇病時遺留下的痕跡。莫尼茲還發現了 19 世紀中期留下來的神經外科手術的研究成果，這些神經外科手術中有切除額葉的，也有切除大腦其他部位的，這些患者在接受手術後變得溫順多了。

莫尼茲和弗里曼先在狗身上做了實驗，將狗的連接大腦和額葉的神經切斷了，這些狗會變得十分安靜和溫順。後來他們開始在人身上做實驗，第一個接受他們手術的人是一個患有精神疾病的女人。該患者的頭顱上被鑽了兩個洞，然後額葉皮質被泵入酒精。

後來，他們還在權威的科學刊物上發表了研究成果，聲稱凡是接受過他們手術的患者，即使是有暴力和自殺傾向的患者，都會變得安靜起來。

額葉切除手術的效果十分明顯，但引起了不小的爭議，有些醫生和患者家屬聲稱手術並沒有幫助病人，只是將病人變成了植物人，雖然病人更容易被看管了，但好像被剝奪了身為人的權利。

法蘭西絲·法默（Frances Farmer）是好萊塢 1930 ～ 1940 年代著名的女明星，她是個天才演員，在成為好萊塢明星後一共參演了 14 部電影。但法默的性格卻很暴躁，總是

以十分激進的方式來對待周圍所發生的一切，同事們被她得罪光了，在片場，法默還經常朝著老闆大吼大叫。最後法默被母親送到了精神病院，然後接受了額葉切除手術。手術過後，法默像變了一個人似的，不再發火，但也沒有了之前的靈氣，變成了一個眼神渙散、神情呆滯的中年婦女。

後來，莫尼茲和弗里曼分道揚鑣了，因為弗里曼發明了一種更簡單的手術方式，他發明了一個冰錐，在手術過程中，只需要將冰錐透過患者的眼窩底部插入大腦即可。冰錐一旦進入了患者大腦，弗里曼就會透過挪動冰錐來切除患者的大腦額葉。在莫尼茲看來，弗里曼的這種手術方法並不精確。但弗里曼卻對冰錐手術十分推崇，他甚至聲稱手術可以連麻藥也不使用，他可以在 10 分鐘之內就完成手術。的確，弗里曼會在手術前先給患者進行電擊治療，這樣患者就會暈過去，任由他擺弄了。

弗里曼是個十分高調的醫生，他利用媒體到處宣傳冰錐手術法，在訪問一些醫院時，不僅會親自示範整個手術的過程，還會訓練心理醫生實施這種手術。弗里曼甚至聲稱冰錐手術法不僅可以治療棘手的精神疾病，還能治療頭痛。

如今，額葉切除手術這種野蠻、反人類的手術雖然已經被廢除了，但在當時卻很流行，創始人莫尼茲還因此獲得了 1949 年的諾貝爾醫學獎。

　　對於一個擁有健康身體和大腦的人來說，生理的重要性往往會被忽視。實際上，生理會使一個人的性格產生變化，尤其是腦損傷，不少腦損傷患者都會有性情大變的情況。

上帝頭盔實驗
—— 顳葉敏感性

理察・道金斯（Clinton Richard Dawkins）有「達爾文的羅威那鬥犬」之稱，他是個堅定的無神論者和演化論者，也是一位非常著名的科普作家，代表作有《自私的基因》（*The Selfish Gene*）。

道金斯在肯亞出生，他的父親因工作原因隨英軍駐紮在肯亞。8 歲時，道金斯跟隨著父母回到英國居住。在上學期間，道金斯的表現並不起眼，一直是中等或中上的水準。後來，道金斯進入牛津大學學習，這裡的教育方式很受道金斯喜愛，學生們在讀書時不用編寫好的課本，而是直接研讀原始文獻。

1976 年，道金斯的著作《自私的基因》出版了，這是一部毀譽參半的書，既為道金斯贏得了聲譽，同時也招致了不少非議。《自私的基因》似乎在表達這樣一種觀點，基因的本質就是自私的，我們在基因的驅使下做出的種種行為也是自私的，而利他只是一種偽裝。很多人在看完這本書後，感受

都不怎麼好，甚至聲稱自己受到了精神上的重創，所堅守的道德世界轟然崩裂了。在一些知名科學家和知識分子看來，道金斯就是一個「自私文化」的引路者。

道金斯並未接受這些批評，他認為這些批評都是無稽之談，是在扭曲他的科學研究，他強調《自私的基因》主要是講基因的行為，不是個體的自私。他還認為，或許是「自私的基因」這個書名有誤導性，應該把書名改成「無私的個體」。此外，道金斯還明確表示了自己的政治主張，他是個堅定的自由派、反越戰、反伊戰。

2003 年，道金斯受到英國電視紀錄片《地平線》（*Horizon*）欄目的邀請，前往加拿大參加一項實驗，即上帝頭盔實驗（God helmet）。

上帝頭盔實驗的設計者是加拿大勞倫森大學的美國認知神經科學家麥可·帕辛格（Michael Persinger）教授。道金斯是個堅定的無神論者，壓根不相信上帝的存在，而帕辛格則傾向於認為上帝是神經脈衝的產物，即宗教體驗與我們的大腦神經存在著密切連繫。為了證明自己的觀點，帕辛格就設計了上帝頭盔實驗。

在上帝頭盔實驗中，有一個十分關鍵的道具，即頭盔，這是一個用雪上摩托車安全帽改造的頭盔，頭盔上有兩根螺線管。這個頭盔的設計者是帕辛格在勞倫森大學的同事、技

術專家史丹利・科倫（Stanley Coren）教授。這個頭盔只要通上電，電磁場就能聚焦在大腦特定區域並產生電刺激。

帕辛格認為，人的自我意識與語言能力分不開，而負責語言能力的大腦區域主要在左邊，即左半腦；右半腦主要負責直覺和情感，只要一個人出現了靈異體驗，那麼該區域一定會有所反應。於是，帕辛格決定用電磁場刺激人的右半腦。實驗結果顯示，當參與者戴上這個頭盔後，會產生一種有人在自己旁邊的感覺，即他人臨場感。

在實驗開始後，參與者會被安排在一張單人椅上，然後戴上眼罩和頭盔，房間裡一片黑暗。帕辛格的團隊則在一邊觀察著參與者的腦電圖。對於參與者來說，實驗的過程十分輕鬆。由於實驗長達 50 分鐘，有些參與者會不小心睡著，尤其是年輕男性。只要參與者沒有睡著，多多少少都會產生一種古怪的感受，有 80% 的參與者產生了他人臨場感，好像除了自己外，還有一個人存在。這是一個能讓人產生神祕體驗的實驗，不過每個人的感受是不同的。有些人會說自己看到了上帝；有些人說看到了最近去世的祖母的靈魂，有些人說看到了外星人，有些人說看到了魔鬼。曾有一個參與者在實驗過程中忍不住扯掉頭盔，從房間裡逃了出來。

道金斯在參加上帝頭盔實驗的時候，並未產生神祕的體驗。這是一個讓帕辛格很失望的結果。對此，帕辛格解釋

道：道金斯本來就是一個不容易產生幻覺的人，他在參加實驗前接受了一項測量顳葉敏感性的測驗，測驗結果顯示道金斯的得分十分糟糕，他的顳葉並不敏感。上帝頭盔能刺激人大腦中的顳葉，即太陽穴下方的位置，從而出現神祕體驗。

著名作家和實驗心理學家蘇珊·布萊克摩爾（Susan Jane Blackmore）也參加過上帝頭盔實驗，她對這項實驗的印象十分深刻，她體會到了最不同尋常的感受。她還說如果這個實驗是種安慰劑效應，她將會覺得十分吃驚。

安慰劑效應與心理暗示有關，2005 年一個瑞士研究小組對上帝頭盔實驗提出了質疑，認為該實驗之所以會令人產生神祕體驗，與顳葉刺激一點關係也沒有，是參與者受到暗示所產生的體驗。這種質疑有一定的道理，因為實驗環境本身就容易讓人受到心理暗示，例如黑暗的房間。而且參與者中女性比男性更容易產生神祕體驗，在心理暗示上，女性也比男性更容易受到暗示。

麥可·謝爾默（Michael Brant Shermer）參與了上帝頭盔實驗，也出現了神祕體驗，但他認為這種體驗或許與電磁場完全無關，因為人在極端的狀況下，例如飢餓、孤獨、失眠、極度焦慮，也會產生神祕體驗。謝爾默曾有過這樣的體驗，他曾試圖騎著腳踏車從加州的聖莫尼卡碼頭到紐約。當時謝爾默已經騎行了 83 個小時，他整個人疲憊不堪，於是

就停了下來。謝爾默後面跟著一輛房車，裡面是他的家人和朋友。他們看到謝爾默停下來後，就準備扶著謝爾默到房車休息。此時的謝爾默產生了幻覺，他覺得是外星人來綁架他了，他將親朋好友看成了外星人，將房車看成了外星飛船。當謝爾默休息了一個半小時後，他恢復了正常，幻覺也消失了。

除上帝頭盔實驗外，帕辛格還將電磁場運用到了治療中，他的患者主要是腦部受傷的人和有癲癇病的人。此外，帕辛格還聲稱他曾用電磁場成功治療了幾個憂鬱症病人。

上帝頭盔實驗給帕辛格的私人生活帶來了極大的困擾，這不僅花掉了他大部分積蓄，還被強制開除或停職。因為帕辛格所工作的大學是一所名義上的天主教大學，信仰上帝，在他們看來，上帝是神聖般的存在，不是刺激顳葉製造出來的，帕辛格的上帝頭盔實驗是對上帝的極大冒犯。帕辛格在教授心理學課程時，常常會要求學生簽署一份「諒解聲明」，他擔心自己會在課堂上說出冒犯上帝的話。

愛能克服一切
—— 治癒生理損傷

某國正在爆發內戰，一名 21 歲大學生 A 也參與其中。一天，A 在一座房屋上執行任務的時候，突然發現自己被人跟蹤了，他為了不被抓到，只能鋌而走險，打開了窗戶，準備順著外牆排水管爬下去。這是一個十分冒險的舉動，極有可能會喪命，但在緊急關頭，A 只能這樣做。

讓 A 沒有想到的是，這是一座老樓，排水管瀕臨斷裂，當 A 爬上排水管時，受力的排水管承受不了這樣的重量，就從牆上脫落下來。A 十分害怕，但只能緊緊抓住排水管不放，希望能躲過此劫。A 的腦袋砸在了一扇金屬大門上，金屬門條恰巧插進了他的大腦，從他的左邊額頭進入，從右邊額頭穿出。雖然 A 的腦部嚴重受傷，但他的意識卻很清醒。救援人員趕到後，立刻對 A 進行施救，A 也全力配合救援人員的搶救工作，還幫助救援人員拔出插入自己腦袋中的金屬門條。救援人員將 A 送往聖十字聖保羅醫院。經過搶救後，A 成功活了下來，不過他的左眼完全失明了。A 恢復得很快，

不久之後就能自由行走了。

出院後，許多人都感覺 A 的性格發生了巨大的變化，他變得衝動、焦躁不安，不論做什麼都很難堅持下來，好像是去了自我控制能力一樣。原來，這次意外事故不僅讓 A 失去了左眼，他還失去了前額葉皮層。

A 的經歷與著名的蓋吉案例十分相似，如今，哈佛大學的醫學博物館裡還保存著費尼斯·蓋吉（Phineas Gage）的顱骨，他是著名的前額皮層受損害的案例。不過很可惜，蓋吉的大腦沒有保存下來。

如果沒有那起意外事故，蓋吉是個工作努力、很受人們歡迎的普通鐵路工人，但這一切都在 1848 年 9 月 13 日這一天改變了，當時的蓋吉只有 25 歲，是美國佛蒙特州鐵路建設的工人。這一天，蓋吉正按照規定用一根鐵撬槓把甘油炸藥填塞到孔中，這時一顆火星突然把炸藥點燃了。在炸藥的作用力下，蓋吉手中的那根鐵撬槓穿進了他腦袋中，是從左顱骨下方穿進大腦的，然後從眉骨上方出去，落在了蓋吉身後 20 公尺遠的地方。

雖然意外事故給蓋吉帶來了很嚴重的腦損傷，但他並未失去知覺，在接受了治療後就出院了。這次意外事故讓蓋吉的腦袋上多了一個洞，除此之外似乎並未帶來更大的傷害，蓋吉能自由活動，體力也漸漸恢復了，而且還有語言能力，

能清楚地表達自己的意思。

不過很快，蓋吉周圍的人就發現，蓋吉變了，與事故前的蓋吉有著天壤之別。在人們的印象中，蓋吉是個努力工作、有禮貌的人，人們都很喜歡與蓋吉相處。但現在的蓋吉不僅變得粗俗無禮，在工作中也不再有耐心了，會出現衝動的言行。這樣的改變讓蓋吉再也無法勝任現在的工作，他只能另行謀生，他找到了一份負責趕馬車和管理馬匹的工作。

幾年後，蓋吉的健康出現了問題，無法繼續工作，變成了流浪漢，並在 1860 年 5 月分去世，去世前不久還曾發作過癲癇。蓋吉死後引起了許多醫學和心理學專家的注意，一位專家說服蓋吉的姐姐，把蓋吉的顱骨捐出來，用作研究。

雖然 A 與蓋吉同樣都是意外事故導致的前額葉皮層受傷，但兩人之後的人生卻大不相同。蓋吉因為受傷變成了一個無家可歸的流浪漢，而 A 卻擁有一個幸福美滿的家庭。

在 A 受傷之前，曾和一個女孩談戀愛，他們兩人的感情很好，已經準備結婚了。後來即使 A 受傷，性格變得不可理喻，他的愛人也沒有離開他，3 年後還選擇嫁給了 A。反觀蓋吉，他很不幸，在意外事故發生後，幾乎沒有人願意陪在他身邊，他只能到處流浪，A 則一直生活在巴賽隆納，幾乎沒有搬過家。

A 出身於一個富裕的家庭，他的父母擁有一個家族企

業。這意味著，A的餘生有穩定的經濟支持。蓋吉在受傷後，再也無法勝任鐵路的工作，只能打些零工以糊口。A雖然也不能正常工作，因為他無法長時間將注意力集中起來，但A的父母替他安排了一項很簡單的工作，還安排了一個人專門照看他。

後來A的孩子出生了，這兩個孩子從小就被媽媽教育，爸爸是需要被保護的。等兩個孩子長大後，也越發覺得爸爸是需要被保護的。這樣，A又多了兩個人愛他和保護他。

對於蓋吉來說，一次意外事故造成的傷害毀掉了他的整個人生。但是前額葉受損並不意味著一定會走上絕路，上述案例中的A就是最好的證明，他雖然被戲稱「蓋吉二號」，但卻遠比蓋吉要幸運。同時，A的案例也說明了社會因素的重要性，如果一個前額葉受損的人能得到來自家人的支持，在愛的力量下，他能克服前額葉受損帶來的種種困難，從而獲得一個幸福的人生。這正好驗證了羅馬帝國時代的那句諺語：「愛能克服一切。」

雖然有許多真實案例都證明前額葉皮層對人的重要性，只要前額葉皮層受損，就能使一個人的性格變得不再被周圍人所接受，好像前額葉皮層決定著我們的命運一樣。雖然前額葉皮層對我們來說很重要，但不一定會使一個人的性格朝著壞的方向發展，例如下述案例中的這名幸運兒。

　　B 是一個有暴力傾向的人，還總會陷入憂鬱之中。有一天，B 實在無法忍受憂鬱了，就決定自我了斷，這樣他就能永遠擺脫憂鬱的折磨。B 選擇的自殺工具很特別，不是常見的手槍，而是一把弩，他將拉好的弩矢對準了自己的下巴，然後發射了箭矢。箭矢穿過了 B 的前額葉皮層，這是一個非常嚴重的腦損傷，極有可能會使一個人喪命，但 B 和蓋吉一樣在經過搶救後撿回了一條命，他也成了一個前額葉皮層受損的人。

　　當 B 恢復健康後就出院了，認識他的人都說他的性格發生了巨大的變化，沒有之前那樣令人討厭，他變得樂觀起來，開始融入周圍人的生活中。從此之後，B 終於過上了正常人的生活，他不再像以前那樣莫名地陷入憂鬱中。

　　不過 B 畢竟是前額葉受損，他的言行和正常人比較起來還是有些異常，不過這也屬於很正常的現象，不會給周圍人的生活帶來困擾。例如 B 每天都傻呵呵的，見到人就會不停地說話，還會反覆講一個笑話，對方雖然對他講的笑話無動於衷，但他卻能笑得樂不可支，好像一個只會笑的傻子一樣。其實這種情況也曾出現在 A 的身上。雖然這種行為在許多人看來誇張怪異，但對於 B 來說，比之前一直受憂鬱症困擾要好得多。

生命不能承受之無聊
—— 神經傳遞物與刺激追求

　　在電影《刺激 1995》中，安迪用監獄裡的廣播放歌，不論典獄長如何叫門都沒開，最後典獄長只能命人將門砸開。安迪犯下了嚴重的錯誤，被典獄長關禁閉。關禁閉是監獄裡最嚴重的一種懲罰方式，雖然不會挨打，但卻十分折磨人，因為在一個暗無天日的房間裡，一切刺激都消失了，時間長了，會將一個人逼向崩潰的邊緣。雖然安迪忍受了下來，但可以看得出他十分痛苦。

　　我們每天都生活在各式各樣的感官刺激中，當這種刺激減少，處於一種隔絕的狀態中時，我們往往會出現一種病態的心理，例如出現幻覺，變得焦慮、緊張、恐懼、注意力渙散、思維遲鈍。我們很少會處於這樣的境地，只有在特殊的環境下才會如此，例如深陷沙漠的遠征者、長期被隔離監禁的囚犯，他們都會出現上述的心理，這在心理學上被稱為「感覺剝奪」。

1954 年，加拿大麥基爾大學的心理學教授唐納‧赫布（Donald O. Hebb）進行了感覺剝奪實驗，這項實驗在大學的一間實驗室裡進行，參與者都是自願報名的大學生。實驗組織者為參與者安排了一個特別的房間，這是一個為了營造極端感覺剝奪狀態而設計的房間，房間裡有隔音裝置，參與者聽不到聲音。參與者還被剝奪了視覺體驗，他們會被安排戴上護鏡。接下來，實驗策劃者會讓參與者戴上棉手套，並在他們的袖口處套一個長長的圓筒，從而限制參與者的觸覺刺激。參與者的頭部還墊著一個氣泡膠枕，以防止他們的頭部和枕頭接觸產生感覺。當然，實驗策劃者不會剝奪參與者吃飯和大小便的權利，但除了吃喝拉撒外，參與者必須整天躺在床上。

在參加實驗之前，許多參與者都覺得這是一項很輕鬆的實驗，自己只需要睡一覺即可。有些參與者甚至想到如果睡不著怎麼辦，那麼就利用這個機會考慮一下論文或課程計畫。

實驗開始後不久，不少參與者就受不了了。在毫無刺激的情況下，他們無法集中注意力，根本不能進行清晰的思考，思維活動總是「跳來跳去」。

當實驗進行了 8 個小時後，很多人都撐不下去了，有些參與者吹起了口哨，有些則開始自言自語，不少參與者都主動要求提前結束實驗。

那些堅持了 8 個小時的參與者在接受測驗的時候頻頻出錯，不論他們如何努力，都無法將注意力集中起來，即使是一些簡單的事情也無法完成。

一些參與者堅持到了第三天，他們開始出現了一些幻覺，看到一些沒有固定形狀的光在自己眼前閃爍，有人甚至看到了一些老鼠在自己眼前排隊行走。除了視覺上的幻覺外，有些參與者還出現了聽覺上的幻覺，例如聽到狗叫聲、警鐘聲、打字聲、警笛聲、滴水聲等。有些參與者出現了觸覺幻覺，例如感覺有冰冷的鐵塊壓在前額和面頰處、感覺有人將身下的床墊抽走了。

極少的參與者堅持到了第四天，這些參與者的情況更為嚴重，雙手發抖、無法筆直地走路、應答速度遲緩、對疼痛敏感等。

在感覺剝奪實驗結束後，參與者通常需要 3 天以上的時間才能恢復到原來的狀態。

從感覺剝奪實驗中我們可以看出，不同人對待感覺剝奪的體驗是不同的，例如有些參與者只能堅持幾個小時，有些參與者卻能堅持 4 天。這是因為有些人對感覺剝奪的耐受性低，即對感覺刺激的需求高。從而可以推及他在日常生活中是一個會主動尋求刺激的人。

在現代社會中，追求刺激是許多人都喜歡的。在遠古時

代，人們很少會主動去追求刺激，因為他們每天的生活已經足夠刺激，他們每天需要去狩獵，這是一件十分刺激的事情。狩獵完畢後，他們會帶著獵物回家，回家後他們只想著好好休息一下就可以了，所以遠古時代的人們很少會主動追求刺激。當一個人解決了生存的問題後，他會傾向於尋求刺激，因為刺激可以讓他變得興奮。如果一個人的生活毫無刺激可言，那麼他就會覺得無聊，變得萎靡不振，甚至會厭世。

中國浙江溫州的羅垟古村從 2000 年開始就經常出現原因不明的死亡，到了 2003 年死亡率開始顯著提升，2004 年死亡率更高了，幾乎每個月都有人家辦喪事。村裡的許多人覺得害怕就搬走了，於是羅垟古村被蒙上了一層神祕恐怖的陰影，也是不少背包客的嚮往之地。

2015 年 5 月 24 日，19 名樂清市的背包客準備前往羅垟古村，他們沒有請嚮導，只由幾個經驗比較豐富的背包客帶隊。他們在出發之前都興致勃勃，想著晚上 7 點左右就能返回。但這裡崎嶇的山路遠遠超過了他們的預估，山谷裡到處都是水，需要所有人都會游泳，但隊伍中卻有 8 個人不會游泳，他們攜帶的救生衣也非常有限，只有 5 件。背包客們因此浪費了不少時間。

這一行人到了天井潭處，天都快黑了，不少人因為體力

不支想要休息一會兒。最後背包客們決定在這裡過一夜，等天亮再走。背包客們本來沒打算過夜，食物只準備了一天的，帳篷也沒準備，要命的是當天夜裡還下起了雨。

在人跡罕至的山裡，手機沒有信號，背包客們想要發出呼救的信號也做不到。所幸，不少背包客在出發前都告訴了自己的家人，家屬看到他們沒有按時歸來就報了警。於是警方和當地村民聯合起來尋找這 19 名失聯的背包客。

5 月 25 日凌晨時分，19 名背包客被找到了。據當地警方反映，像這種情況還是比較常見的，在兩週前的一個夜晚也接到過失聯的報警，並在山裡找到了失聯的背包客。許多背包客都覺得能到羅垟古村探險是一次新鮮刺激的旅行，而沒有想到這段路程並不容易走，這裡山路崎嶇、叢林茂密，很容易被困在山上。

像這樣的新聞並不少見，許多人都會選擇與他人結伴到一些人跡罕至的地方去探險、旅行，因為這樣足夠刺激。但有些人卻不會這樣做，因為他們覺得這樣很危險，弄不好會喪命。再比如危險度很高的極限挑戰，有些人不僅樂於參與其中，還會將整個過程拍攝下來。而有些人僅僅隔著螢幕都覺得心驚肉跳。

每個人對刺激和冒險的追求是不一樣的。喜歡追求刺激的人更容易感到厭倦，更加無法接受感覺剝奪。而這一切都

具有一定的生理基礎,主要和神經傳遞物有關。神經傳遞物是神經元內的化學物質,例如我們常常聽到的多巴胺就是神經傳遞物的一種。可以說,神經傳遞物在某種程度上決定著我們的性格。

多巴胺與快樂的感受連繫在一起。多巴胺是刺激性神經傳遞物,一個人的多巴胺水準可以顯示出他對刺激的追求。低水準多巴胺的人更傾向於追求刺激,從而可以產生更多的多巴胺。

血清素是第二種重要的神經傳遞物,是抑制性神經傳遞物。血清素水準高的人常常給人快樂、活潑的感覺;血清素水準低的人很容易不安,給人壓抑、害羞的感覺。

正腎上腺素是興奮性神經傳遞物,常常與充滿活力的性格連繫在一起。

先天與後天的拉鋸戰
—— 雙胞胎研究

　　吉姆·斯普林格（Jim Springer）和吉姆·路易士（Jim Lewis）是一對雙胞胎，1939 年在俄亥俄州皮奎市出生，剛出生後不久，這對雙胞胎就被送到了兩個不同的家庭，他們在不同的家庭長大，並且互相不知道對方的存在。巧合的是，他們的養父母替他們取了相同的名字。

　　斯普林格在 39 歲時得知自己還有一個孿生兄弟，就住在中西部，於是他主動和路易士聯絡，兩人決定見面。見面時，斯普林格彷彿看到了另一個自己，路易士與他是如此相像，他們都是身高 180 公分、體重 82 公斤。斯普林格在和路易士聊天後，發現他們雖然成長於不同的家庭，卻有很多相似的經歷。

　　斯普林格年少時，曾養過一條寵物犬，並替牠取名為「玩具」，路易士也是如此，他們還都跟隨著家人到佛羅里達州的聖彼得海灘度過假。長大後，斯普林格和路易士都結過婚又離了婚，而且他們第一任和第二任妻子的名字都相同，

第一任妻子名叫琳達,第二任妻子名叫貝蒂。後來,他們都生下了一個兒子,並都為兒子取名為詹姆斯·艾倫(James Allan)。他們都當過業餘警察,還都喜歡在家裡做木工。他們都有嚴重頭痛的毛病,喜歡喝米勒牌淡味啤酒,抽賽勒姆牌香菸,都有咬手指甲的習慣。他們還都喜歡把寫給妻子的情書扔得滿屋子都是。不過,吉姆兄弟並非完全一致,他們的髮型不一樣,斯普林格額前有瀏海,路易士則梳了顆油頭。他們一個擅長寫作,一個擅長演說。

這對雙胞胎很快引起了明尼蘇達大學心理學家小湯瑪斯·布沙爾(Thomas J. Bouchard Jr.)的注意,因為他正在尋找從小被分開撫養的雙胞胎,找到這些雙胞胎後會對這些人進行了解測驗和人格測驗。此外,研究者還會對這些雙胞胎進行長期的訪談,以了解他們的童年經歷、恐懼、嗜好、音樂興趣、社會態度和性興趣等方面,從而判斷他們的性格是否相似。凡是參加這項研究的雙胞胎都曾被研究者用 1.5 萬個以上的問題轟炸過,研究者所問的問題涉及了雙胞胎人生的各個層面。布沙爾曾這樣形容:「我們連人家妻子的舅舅有沒有腳氣的問題都問了。」

吉姆兄弟接受了布沙爾的邀請,來到了實驗室,這裡有一幫研究者在等著為這對雙胞胎進行一系列測試,從而確定他們之間的相似度到底有多高。

　　一個人的性格到底是由什麼決定的呢？這是布沙爾團隊所考慮的問題。大千世界，每個人都是不同的，有些人樂觀，有些人喜歡抱怨，有些人外向，有些人卻很容易害羞。於是先天和後天之爭開始了，也就是說一個人的性格到底是遺傳決定的，還是環境決定的。

　　先天遺傳主要與基因有關，這是我們從父母那裡繼承的，因此我們與兄弟姐妹更為相似，尤其是雙胞胎，就更加相像了。上述案例中的吉姆兄弟似乎說明了先天遺傳的重要性，他們雖然在不同的家庭環境中長大，但卻擁有很多相似的特點。不過他們所處的家庭環境雖然不同，但文化環境卻是相同的。

　　後天環境主要分為兩個方面，即家庭環境和文化環境。在一個人人生頭幾年，他所身處的環境以家庭為主，他無法隨便到外面去，只會在父母的帶領下接觸外面的世界。因此許多兄弟姐妹最初都比較相似，隨著年齡的增長會變得越來越不像，因為他們在長大後，可以自主地到外面的世界去，受到外面世界的影響。

　　當到了入學年齡後，我們會離開家到學校去讀書，這時校園生活將會占據我們生活的大部分空間，我們會受到老師、同學的影響，還會受到文化教育的影響。同時，我們也變得自由起來，可以自由地選擇自己的興趣愛好、朋友，選

擇去參加喜愛的集體活動，選擇自己喜愛的穿著等等。這個時候，後天環境對一個人的性格形成變得越來越重要。

在吉姆兄弟的案例中，他們所生長的家庭環境雖然不同，但文化環境卻是相同的，他們都在美國長大，接受美國的教育。這是我們常常忽視的一個因素，即環境因素的差異並沒有我們想像中的那麼大。在吉姆兄弟成長的過程中，他們會接受許多相同的事物，例如相同的教育經驗、相同的商品。吉姆兄弟都喜歡喝米勒牌淡味啤酒和抽賽勒姆牌香菸，這兩個品牌其實在美國有許多受眾，不僅僅受到吉姆兄弟的喜愛。

如果一對雙胞胎分別生活在兩個文化差異較大的環境中呢？他們是否還存在這麼多相似的地方？奧斯卡·斯托爾（Oskar Stohr）和傑克·尤菲（Jack Yufe）這對雙胞胎的經歷可以做出回答。

奧斯卡和傑克的父親是猶太人，母親是德國人，他們出生在千里達及托巴哥，雖然是一對雙胞胎，但在出生後不久就被迫分開了，奧斯卡和母親、外婆生活在一起，他的母親和外婆是天主教徒，奧斯卡和母親一起生活在歐洲，當時的歐洲正值納粹分子統治。奧斯卡難免會受到納粹思想的影響，在第二次世界大戰期間，奧斯卡還參加了希特勒的青年運動。

傑克跟隨著父親在地球另一端的一個加勒比海國家生活，他從小生長在一個猶太家庭，青年時期曾在以色列的一個集體農莊待過很長時間。在傑克的認知裡，他就是一個猶太人，十分憎恨納粹分子。

奧斯卡和傑克這對兄弟從未聯絡過，直到長大後才與對方取得了聯絡，此時的奧斯卡是德國一家工廠的管理人員，傑克則是一家商店的老闆。

和許多被分開撫養的雙胞胎一樣，奧斯卡和傑克有許多驚人的相似之處。

首先是外表，他們都喜歡穿藍色、雙排扣、帶肩章的襯衫，都留有短鬢，都戴著金絲邊眼鏡。他們在運動上的表現都很出色，都不擅長數學，難以集中注意力，總是心不在焉。此外，他們在一些小事上也都相同，都喜歡吃辣的食物，喜歡喝甜酒，喜歡將塗了鹹奶油的吐司放在咖啡裡，習慣在手腕上纏橡膠帶，習慣在上廁所前、上廁所後都沖馬桶，在搭電梯時都習慣性打噴嚏等等。

當然，奧斯卡和傑克之間還存在著許多差異。奧斯卡從小生活在納粹統治的歐洲，他在政治上非常保守；傑克則是一個政治自由人士，因為他從小生活在政治環境比較寬鬆的國家和家庭裡。他們所信奉的宗教和政治信仰似乎影響到了他們的性格，傑克明顯比奧斯卡更外向、自信。

奧斯卡和傑克這對兄弟的案例說明，不論是先天還是後天因素都會對一個人的性格產生影響。一個人的先天遺傳決定了他會對環境做出怎樣的反應，例如先天外向的人，會傾向於選擇和自己性格相似的人做朋友。當然，後天環境的重要性也是不可忽視的。像人這樣的群居動物，不可能不受到後天環境的影響，如果沒有後天環境的刺激，往往很難成為一個正常人。

英國心理學家哈利‧哈洛的恆河猴實驗十分著名，不過這一系列實驗也讓哈洛聲名狼藉，在許多人看來，哈洛對猴子太殘忍。

1971 年，哈洛的第二任妻子因乳癌去世，他便搬到了明尼蘇達州的梅約醫學中心接受治療。在這裡，哈洛接受了一系列電擊治療，他像個動物一樣被皮帶綁在桌子上，然後接受電擊。電擊治療讓哈洛的性格發生了改變，當他回到威斯康辛大學麥迪遜分校後，許多人都感到了哈洛的變化，同時哈洛也結束了剝奪母愛的研究。

後來，隨著生物精神醫學的興起，哈洛對藥物改善精神狀況這一現象產生了極大的興趣。他決定再次在恆河猴身上做實驗，這次參與實驗的猴子比之前在剝奪母愛實驗中的猴子更慘。

哈洛設計了一間黑屋子，然後將猴子頭朝下吊起來，一

吊就是 2 年，哈洛還將此稱作「絕望之井」。在這裡，小猴子不僅不能與母親在一起，也沒有其他猴子存在。當小猴子恢復自由之後，牠變得不正常起來，出現了嚴重的、持久的、憂鬱性的精神病理學行為，即使 9 個月後也沒有恢復正常，整日只獨自抱著手臂發呆，一點小猴子的機靈樣都沒有。

哈洛的絕望之井對於參加實驗的小猴子來說是十分殘忍的，更令人難以相信的是，相似的事情會發生在人類身上。在加利福尼亞州曾出現過一個極端的人類案例，她的名字叫吉妮，她從小就被獨自關在一個小房間裡，還被綁在一把訓練大小便的座椅上，直到 13 歲吉妮才被拯救出來，雖然吉妮之後接受了正常的教育，但她再也無法恢復到正常人的狀態了。在她前 13 年的生活中，她幾乎與外界隔絕，既沒有受到家庭教育的影響，也沒有受到文化的影響。

上述兩個極端的案例都說明了後天教養的重要性，人的發展在很大程度上依賴於他所成長的環境。例如一個先天外向的人，如果從小和父母離群索居，那麼他就有可能成為一個害羞的人。

總之，人的性格的形成過程是十分複雜的，受到先天和後天因素的共同影響。或許正是由於兩者的交叉影響，才導致了性格的複雜性。

第七章

性格與創傷經歷 —— 恐怖的麻木感

經歷過知覺關閉的人，都會留下心理創傷，從而阻礙他從周圍人那裡獲得安全感，他們會變得孤僻，因為他們無法融入正常的人際交往中。通常情況下，經歷過心理創傷的人，只有和有相似經歷的人在一起才能感到安全。

什麼感覺都沒了
—— 關閉知覺

賀頓是中國小說《女心理師》的主角，她是個聰明冷靜的女人，同時也是個優秀的心理師。賀頓有過一段不堪回首的童年，她原來的名字叫柴絳香。賀頓這個名字是柴絳香在當賀老太太的照顧者時取的，賀老太太曾是一個教師，退休在家後無所事事，於是就將求知欲很強的柴絳香當成自己的學生教育，後來柴絳香就隨了賀老太太的姓氏，並取了一個單名「頓」，巴頓將軍的「頓」。

賀頓幼年時與母親一起相依為命，生父很早就拋棄了她們母女二人。賀頓的母親沒有謀生技能，淪落為娼妓，賀頓和母親因此總會受到人們的嘲笑。後來，母親帶著賀頓嫁人了，母女二人的生活終於有了著落。

在賀頓 12 歲那一年，一天晚上她的母親去看望親戚，將賀頓和繼父單獨留在家裡。晚上，賀頓遭受了繼父的性侵。這段經歷成了賀頓內心深處一直無法擺脫的陰影。賀頓成了性冷淡，在與人發生性關係的過程中，下半身一直冰冷。

　　從農村來到城市後，賀頓為了在這座城市裡站穩腳跟，就決定開一家心理診所。這對於賀頓來說，是一個很大的目標，需要逐步去實現。第一步，賀頓得去參加一個心理學的學習班，這需要一筆錢，於是賀頓就去推銷劣質化妝品。當賀頓挨家挨戶推銷時，遇到了一個變態的禿頂男人，這個男人無意購買化妝品，而是用力將賀頓拖進屋內企圖不軌，所幸賀頓奮力掙脫了。不久後，賀頓主動找上了門，因為她需要一筆錢去參加學習班，於是賀頓主動獻身，在拿錢離開前還特意將化妝品留在了禿頭男人家，她告訴自己，她是賣掉了化妝品賺到了錢，不是賣自己。

　　第二步，賀頓需要十萬元（人民幣）來註冊心理診所。為了籌集這十萬元，賀頓主動找到了錢開逸，並以虛假處女的身分從錢開逸這裡得到了十萬元。此後，賀頓一直與錢開逸保持著情人的關係，儘管後來賀頓已經結婚。賀頓相貌平平，並不是個美女，卻有一副性感的嗓音，這也是錢開逸喜歡她的原因。

　　最後一步就是找一處合適的房子開辦診所，她嫁給了房東的兒子，年長跛腳卻老實的柏萬福。

　　賀頓的心理診所開業了，開始接待來訪者。賀頓在來訪者的心理問題中漸漸意識到自己的心理問題，為了解開心中的疑惑，她接受了心理學權威姬導師的治療，雖然透過這次

治療，賀頓明白了自己下半身冰冷的原因所在，但卻在治療過程中遭受了姬導師的性侵。最後，賀頓決定重新開始，她斬斷了婚外情，關閉了心理診所，開始繼續學習。

在許多人看來，賀頓悲慘的過往固然值得同情，但她的種種作為卻很難討人喜歡，她幾次三番利用、出賣自己的身體，就為達到開心理診所這個目的，簡直就是一個無原則、無底線的女人。

對於賀頓來說，她似乎可以和任何人發生性關係，因為她在這個過程中，根本是毫無感覺的。她處於一種身體和靈魂分開的狀態中，好像靈魂飄在上空冷靜地看著自己的身體在和一個男人發生性關係。

賀頓為什麼會表現得如此冷靜呢？因為她一直沒有從 12 歲那年被性侵的創傷經歷中走出來，她的餘生一直生活在這段創傷的陰影中，儘管她將名字改成賀頓，這個極具力量感的名字，但她還是柴絳香。

當我們遭遇危險的時候，每一個人的第一反應就是向周圍求助，希望能得到他人的幫助，哪怕僅僅是安慰也好。當沒有人理會我們，我們就會出現第二反應，戰鬥或逃跑。在選擇戰鬥或逃跑的時候，往往取決於我們對危險的預估，如果我們估計自己能戰勝危險，我們就會表現出憤怒和攻擊性，進而選擇戰鬥。當我們覺得自己不是危險的對手時，我們就會逃跑，逃

到一個安全的地方去。當求助、戰鬥、逃跑這些策略都失效之後，第三反應就出現了，我們會嚇呆或崩潰，從而進入一種僵死狀態。我們會將自己與外界隔離，我們的知覺通道會關閉，即任何感受都沒有了，甚至連身體的疼痛都無法感受到。

這種關閉知覺的狀態很常見，例如一名曾遭受過性侵的女性在回憶當時的場景時這樣說：「我想過呼救、抗爭，但我被嚇得呆住了，我好像癱瘓了一樣，叫不出來，也無法移動，我好像一個破布娃娃一樣任由對方擺布。」

對於賀頓來說，她 12 歲遭受性侵那年，她也進入了關閉知覺的狀態，這種關閉一直持續到她成年，她在和任何男人發生性關係的時候，沒有表現出恐懼，也沒有表現出憤怒，而是過分的冷靜，事情好像不是發生在她的身上一樣，她什麼感覺也沒有。她雖然從無助的感覺中脫離出來了，但卻陷入了知覺關閉狀態。

知覺關閉是所有哺乳動物具備的一種本能，目的是保護自己。這種狀態與自然界常見的假死狀態十分相似。

想像這樣一個場景：在一望無際的草原上，一群梅花鹿正在吃草，突然間所有的梅花鹿都變得警覺起來，因為牠們感覺到了危險。一頭獵豹正隱藏在茂密的灌木林裡，突然獵豹從灌木林裡衝了出來。梅花鹿們紛紛向一處能掩護牠們的灌木叢中迅速奔跑。

　　在逃命的時候，一隻梅花鹿不小心絆倒了，雖然牠迅速地站了起來繼續以最快的速度奔跑，但還是晚了一步，獵豹的速度快得很。就在獵豹快要抓住這隻梅花鹿的時候，梅花鹿突然倒在了地上，僵臥著一動也不動，好像死了。其實梅花鹿是在裝死。

　　如果這隻梅花鹿夠幸運，就能僥倖逃脫一死。獵豹或許不怎麼餓，可能會將梅花鹿拖到自己的地盤，等餓的時候再吃，或者將梅花鹿拖到自己的巢穴，和幼崽一起吃。在這個過程中，梅花鹿隨時可以尋找機會逃走。當然梅花鹿最有可能面臨的局面是被吃掉，那麼裝死還有什麼意義呢？裝死可以幫助梅花鹿擺脫死亡的痛苦，因為在僵死狀態下的梅花鹿是什麼感覺也沒有的。

　　當一個人感到自己無能為力的時候，就會像梅花鹿一樣進入裝死狀態，此時的他已經完全放棄抵抗，整個自我防禦機制都被關閉了，掩耳盜鈴般將自己與危險隔離開來。不同的是，動物在危險消除時，會立刻活過來，很少會出現心理創傷後遺症。不過如果動物長期處於危險中，牠也會出現心理創傷後遺症，例如在馴養時或實驗室內遭受虐待，最著名的要數塞里格曼（Martin E. P. Seligman）用狗做實驗。但人類不同，裝死會給人帶來心理創傷，無法回到正常狀態。即使危險消失，他也總是處於知覺關閉狀態。

　　小惠有一個 5 歲的兒子，一天她正在和兒子在公園裡玩球。趁著小惠撿球的空檔，兒子跑到了一條繁華的街道上，就在這時突然來了一輛高速行駛的汽車，小惠的兒子被撞了，然後倒在了血泊裡。當小惠聽到汽車發出的尖銳煞車聲後，立刻有了不祥的預感，她覺得兒子被撞了。一時間，小惠覺得全身的血液好像都停止了循環，她開始向街上人群聚集的地方狂奔而去，她要找到兒子。當發現兒子渾身是血，躺在地上時，小惠的心一下子縮到一塊，接下來小惠癱倒在兒子身上，她不停地叫著兒子的名字，還慌亂地用手擦拭兒子身上的血。最後小惠直接趴在兒子身上，將自己的心臟貼近兒子已經停止跳動的心臟，漸漸地小惠覺得自己的身體不受控制了，什麼都感覺不到了。

　　小惠之前是個快樂、負責的母親，自從兒子死後，她再也快樂不起來，每當聽到汽車的煞車聲後都會變得十分恐懼。

　　經歷過知覺關閉的人，都會留下心理創傷，從而阻礙他們從周圍人那裡獲得安全感，他們會變得孤僻，因為他們無法融入正常的人際交往中。通常情況下，經歷過心理創傷的人，只有和有相似經歷的人在一起才能感到安全。例如上述案例中因車禍意外喪子的小惠，她無法與正常的母親在一起交流，卻喜歡與同樣喪子的母親待在一起。

是否還活著
—— 感知障礙

　　1976 年夏天，加利福尼亞州發生了一起惡劣的劫持案件，一輛載著 26 個孩子的校車被劫持了，這些孩子年紀都不大，最小的 5 歲、最大的 15 歲。歹徒將這 26 個孩子塞進了一輛沒有光線的廂式貨車內。

　　歹徒將貨車開到了一個廢棄的採石場，然後將所有孩子從貨車的後廂裡驅趕到一個地下洞穴裡。這個十分危險的洞穴，原是廢棄採石場中的一輛拖車，被埋在了幾百公斤重的塵土和石塊下面，逐漸形成了一個洞穴。這個洞穴全靠一根木柱支撐著，但這根木柱恰恰被一個孩子靠倒了。木柱一倒，洞穴開始塌陷，塵土和石塊都砸了下來。

　　看到此景後，許多孩子都嚇住了。有的孩子呆呆的，不知道該作何反應，好像被嚇傻了；有些孩子意識到可能會喪命，開始恐懼得尖叫起來。就在這關鍵的時刻，一個名叫麥可・馬歇爾（Michael Marshall）的孩子表現得十分鎮定，他不僅沒有被嚇住，還一直積極採取逃命措施，開始向外挖掘

一條通道，別的孩子看到麥可在挖通道，紛紛加入其中。最終孩子們挖出了一條通道，他們成功地逃了出來。獲救後，孩子們被立刻送到醫院檢查，醫生只替孩子們進行了身體檢查後就讓他們回家了。在醫生們看來，這些孩子看起來很正常，身體上也沒受傷。事發後不久，這些孩子的家長聆聽了一位精神病醫師的演講。這位精神病醫師說，在這 26 個孩子中至少有一個孩子會出現心理問題。

後來 8 個月過去了，幾乎所有的孩子都表現出了創傷後遺症。創傷後遺症讓這些孩子無法融入正常的生活中去，他們的心理、身體和社交能力都受到了影響。他們有暴力傾向，無法和家人、朋友和平相處。每天晚上，他們還總會受到噩夢的侵擾。這些孩子的精神完全被那次創傷經歷給擊垮了，他們沒有行動能力，整日陷在深深的恐懼中，即使真正的危險已經過去了很長時間。

不過麥可卻是個例外，他在面對危機的時候，一直積極行動著，從而帶領其餘的孩子成功逃脫了被活埋的命運。很難想像，如果沒有麥可的催促，這些孩子極有可能一直驚恐地待在原地。後來，麥可成了當地的小英雄。雖然這次經歷也給麥可帶來了心理創傷，但他很快從創傷中走了出來，融入了正常的生活中。

感知能力是我們從出生前就擁有的一項重要能力,我們透過自己的感官來感知周遭所發生的一切。例如我們的皮膚可以讓我們感覺到寒冷、溫暖、潮溼等。透過感知周圍的變化,我們可以處理好自己與環境的關係。

當我們感知到危險時,我們的身體會發生劇烈的變化,我們會讓自己處於高度戒備的狀態,稍微一絲異動都能被我們敏銳地捕捉。例如當一個人正昏昏欲睡之際,突然聽到響聲,有賊進來了,他就會立刻清醒起來,時刻注意著賊的一舉一動。

當危險消失時,我們的感知能力就會恢復正常。可是對於有心理創傷後遺症的人來說,他還是會處於危險情境中,讓自己的精神和身體長時間處於高度戒備狀態,無法睡著,也無法從日常生活中感受到快樂。

長時間處於驚恐中,沒有人的身體能受得了。於是我們的大腦為了適應這種驚恐狀態,就會將一部分大腦功能關閉。因此長期遭受嚴重心理創傷折磨的人,如果接受大腦掃描,就會發現他大部分腦部都不會產生活動,例如前扣帶迴、枕葉等。這樣做,雖然可以讓他們避免被恐懼感所侵擾,但也失去了感受周遭環境的能力,這便是感知障礙。當一個人長期遭受虐待時,也會出現感知障礙。

　　依依從小就沒見過父親，她與母親相依為命。但母親似乎並不喜歡依依，從來沒有關心過她，後來依依就被母親拋棄了，她便在育幼院長大。長大後，依依找到了母親，但是母親仍對她很冷淡。依依找了一份收銀員的工作，她沒有關係親密的朋友，也沒有男朋友。

　　一天晚上，依依在下班回家的途中被一個男子尾隨。依依很害怕，就加快了步伐，男子也加快了步伐。後來，男子將依依拖到一個黑暗無人處，強暴了她。依依害怕極了，她一直蜷縮著身體，根本無法動彈。當男子離開後很久，依依才漸漸回過神來，回到了自己的住處。依依試圖打電話向母親求助，但母親根本不接她的電話。

　　不久後，依依開始出現自殘行為，她總是不停地用刀片割自己的手臂，傷口雖然不深，但鮮血淋漓，看起來十分恐怖。在同事們看來，依依是個很古怪的人，她從不主動加入同事們的聊天中，即使是夏天也會穿著長袖，她很少會抬起頭，更別說直視一個人的眼睛。

　　對於依依來說，性侵帶給了她創傷，母親的長期忽視也帶給了她創傷。如果一個人從童年時期就得不到他人，特別是父母的關愛，這無異於遭受了精神虐待。對於任何人來說，精神虐待都是極其可怕的，會給人的心理造成創傷。

　　依依之所以會出現自殘行為，是因為她有感知障礙，即

無法感受到自己的身體，這也是許多創傷後遺症的患者會出現的情況。他們無法讓自己的感知系統正常運行，他們好像失去了自己的身體一樣，無法感覺到自己是活著的。依依這麼做雖然會讓她感覺到疼痛，卻可以讓她覺得自己是活著的。

對於正常人來說，我們僅僅用手握著一把鑰匙，不用看就能知道那是一把鑰匙，因為我們可以透過觸覺感受並做出判斷。但對於感知障礙的人來說，他根本不知道自己拿著的是一把鑰匙，因為他們大腦中相對應的感知系統關閉了。

在上述案例中，麥可這個小英雄並未出現心理創傷後遺症，這與每個人的「崩潰點」有關。同樣一起創傷事件，會對不同的人產生不同的傷害。每個人都有自己的崩潰點，有些人很容易崩潰，有的則不是。像麥可這樣抗壓能力較強的人，是不容易崩潰的，但這種人只占少數。

抗壓能力較強的人一般都有以下幾個特點：積極的處事風格、成熟的社交能力、自己決定命運的強烈意志。

如果一個人在面對危險時出現了知覺關閉，即整個人好像凍僵了一樣，無法控制自己的身體，那麼他就更容易出現感知障礙，很難從創傷中走出來。例如：當一名女性遭受性侵時，她如果能透過努力避免被性侵，那麼這段經歷對她來說就不會形成創傷，甚至可能讓她產生自豪感；如果她努力

了，還是沒有避免被性侵，那麼也不容易出現嚴重的創傷心
理障礙；如果她直接嚇癱了，沒有做出任何努力就任由暴徒
得逞，這將是最糟糕的情況，不僅會出現嚴重的心理創傷症
狀，此後還會感到強烈的自責和沮喪。

無法忍受的煎熬
—— 不停閃回到創傷之中

　　埃弗里斯特是個樂觀開朗的人，他有一群好朋友，他們一塊長大，在一起過得很開心。在高中快畢業時，埃弗里斯特決定學習應用心理學這個專業，他對心理學很感興趣，希望將來的某一天能成為心理學家。為了獲得上大學的補助，埃弗里斯特決定去參軍，因為他的父母供不起他上大學，加上埃弗里斯特的兩個親人也在軍隊裡，他很想藉此機會與他們團聚。

　　於是，19歲的埃弗里斯特成了美國陸軍442軍團的一名普通士兵，當時正值伊拉克戰爭。埃弗里斯特不會想到，在戰爭中的經歷會改變他的一生，劫後餘生的埃弗里斯特要忍受難以想像的精神煎熬。

　　埃弗里斯特被調配到了伊拉克的巴扎德，駐紮在水蟒基地後勤保障區的外面。在這裡，埃弗里斯特的生活還算不錯，不用每天面臨著死亡和廝殺。後來，埃弗里斯特成了一支隊伍的領導者，由於他的年紀尚輕，總是被士兵們嘲笑和侮辱。

　　一天，埃弗里斯特在執行一項任務時，出現了一個意外。當時有兩個囚犯非法入境，埃弗里斯特要將他們押送到直升機上，然後把他們驅逐出境。一名囚犯試圖逃跑，埃弗里斯特追上他，埃弗里斯特不想開槍，就用頭去頂撞囚犯，誰知囚犯就此倒下不動了，原來埃弗里斯特戴著夜視頭盔，這種頭盔十分堅硬。看到囚犯倒下後，埃弗里斯特就將另一名囚犯押送到直升機上。然後，埃弗里斯特才走近去看那名倒在地上的囚犯，他竟然死了，這讓埃弗里斯特十分震驚，但不可否認的是，囚犯是因他而死。

　　囚犯的屍體被送去進行屍檢，屍檢醫生好像知道埃弗里斯特對此很愧疚一樣，就安慰他，這名囚犯本身就處於癌症晚期，他的體內到處都長滿了腫瘤，他每天都飽受病痛的折磨。儘管如此，埃弗里斯特的感受還是非常糟糕。

　　埃弗里斯特第二次殺死的是一個普通的伊拉克男人。當時埃弗里斯特正在街上巡視，他看到一個男人正在毆打一個女人，旁邊還有兩個驚恐哭泣的孩子。埃弗里斯特最討厭看到男人打女人，就跑去制止，埃弗里斯特還特意用學到的阿拉伯語制止那個男人，但男人根本不聽，這讓埃弗里斯特十分惱火，他就用手中的步槍砸向男人，最終男人被打死了。女人獲救後，兩個孩子立刻跑去抱著她，她不斷用阿拉伯語向埃弗里斯特道謝。這一次，埃弗里斯特並未產生愧疚，他

冷靜地將男人的屍體拖到了一個大垃圾堆的後面。

後來，埃弗里斯特成了一名醫療兵。一天，他接到一個消息，有四個美軍士兵在執行任務時被殺死了。埃弗里斯特聽到後就跑到現場，希望能幫上忙。結果，埃弗里斯特意外發現那四具美軍屍體的其中兩具是他的親人，就是他一直想要團聚的叔叔和表哥。埃弗里斯特震驚了，他抱著屍體痛哭起來。埃弗里斯特哭了很長時間，直到沒了力氣。這件事情對埃弗里斯特造成了十分嚴重的打擊，他覺得曾經那個無憂無慮的自己死去了，剩下的這個埃弗里斯特不過是劫後重生，無法感受到愛、內疚和悲傷，只剩下了憎恨和無法控制的憤怒。

在水蟒基地後勤保障部隊服役 3 年後，埃弗里斯特回到了家鄉，此時他已經 22 歲了。埃弗里斯特為了擺脫伊拉克戰爭帶來的陰影，就找了一份忙碌的工作。業餘時，埃弗里斯特總是獨自一人待著，即使曾經的朋友來找他，他也不見。

埃弗里斯特甚至無法與家人和平相處，他總是不斷地與父母、姐姐發生爭吵。埃弗里斯特也不知道自己是怎麼了，他就是無法控制自己的憤怒情緒，一點小事就可以讓他大發雷霆。埃弗里斯特還有殺人和自殺的想法，他被這些想法嚇壞了，就去退伍軍人管理局找精神科醫生。醫生在了解了埃弗里斯特的情況後，就開了點藥給他，讓他按時服用。

這些藥能讓埃弗里斯特在白天時獲得短暫的寧靜，但到了夜晚卻會變得很恐怖，埃弗里斯特整晚都被噩夢困擾，總是夢到在伊拉克的日子。時間長了，埃弗里斯特開始分不清誰是誰，有時會誤以為自己還在伊拉克，甚至將自己的家人看成伊拉克人。

無法控制的怒火幾乎是所有參與過戰爭的退伍軍人所共有的特徵，哪怕只是日常生活中的一點小事也能讓他們大發脾氣。在參加戰爭之前，這些軍人只是一個普通人，像上述案例中的埃弗里斯特一樣樂觀開朗，有自己的朋友和家人。但當他們從戰場上歸來時，他們好像變了一個人似的，容易暴怒，在周圍人看來十分恐怖。

戰爭的經歷還會使退伍軍人喪失社會功能，不論他們之前是否能與人愉快地相處，戰後都會變得冷漠起來，對人際交往絲毫沒有興趣，就像上述案例中的埃弗里斯特一樣，整日獨處。有些退伍軍人甚至不會與妻子、孩子進行交流。

這是因為戰後的退伍軍人都患上了創傷後壓力症候群（PTSD），使自己長期處於一種警戒狀態中，這也是他們為什麼總是無法控制發火的原因所在。

在上述案例中，埃弗里斯特並未真正參與到戰場的廝殺之中，他只是後勤部隊的一員。不過埃弗里斯特卻經歷了類似於戰友死亡的情景，他意外發現了在戰爭中死去的親人的

屍體。對於參戰士兵而言，他們都會接受十分嚴酷的訓練，然後被送去執行任務。對於他們來說，每天所面臨的都是生死考驗，其精神狀態一直處於高度警戒之中，稍不注意就有可能喪命。於是戰友成了參戰士兵的情感依靠，他們會建立起深厚的友誼，並且隨時準備著為戰友而犧牲。常言道：「打虎親兄弟，上陣父子兵。」由此可見，戰友對於參戰士兵來說是多麼重要。

賭場上的錢不是錢，戰場上的人不是人。參戰士兵即使僥倖活下來，也勢必會遇到戰友犧牲的場面，這會給他的心理帶來嚴重的創傷，感到絕望和恐怖。這種場景或許會深深印刻在他的腦海中，他常常會不由自主地回憶當時的場景，讓自己身處創傷之中，重新體會當時的種種感受，例如恐懼、暴怒，甚至是癱瘓。

相似的場景也會立刻勾起參戰士兵對戰場的回憶，例如越戰退伍的士兵，在炎熱的夏天就會聯想起越南那炎熱的戰場，進而想起戰場上發生的一切。這是因為那段創傷經歷改變了他的感官和想像。有一個退伍士兵在回到美國後，一直想盡力融入正常生活中，他結了婚，有了孩子，但卻無法面對自己的孩子，看到嬰兒的他，總是不由自主地想起在越南戰場上看到的死嬰。

　　想像力對一個人來說十分重要。人是一種生活在兩個世界中的動物，一個是想像中的世界，另一個是現實中的世界。我們常常會想像一些美好的場景，例如在無聊的時候，想像自己正在做一件有趣的事情。想像中的世界儘管不具有現實意義，但卻可以讓我們變得愉快起來，從而讓我們痛苦或焦慮的情緒有所緩解。但嚴重創傷會剝奪一個人想像的能力，他的生活也因此喪失了意義和希望。

　　在人格測量的方法中，投射測驗與人的想像力有關。心理學家會用一些類似墨漬、無結構的圖片來刺激接受測驗者，然後讓測驗者在不受限制的條件下告訴心理學家他看到了什麼，並做出解釋。

　　在投射測驗中，比較著名的便是羅夏克墨漬測驗。有些參戰退伍士兵在進行羅夏克墨漬測驗時，會陷入恐慌，因為他能從無意義的墨漬圖片中看到戰爭中的恐怖場景，並產生痛苦的感覺。

　　最後便是無法擺脫的噩夢。噩夢每個人都曾做過，例如一個曾對考試焦慮的學生，在遇到令自己焦慮的事情時，總會夢到自己在參加考試，而且考砸了。可是對於患上 PTSD 的人來說，例如參戰士兵，噩夢幾乎每晚都會降臨，在夢中他重回戰場，到處危機四伏。因此 PTSD 患者都害怕睡覺，因為睡著了，他就會被噩夢吞噬。

第七章
性格與創傷經歷 —— 恐怖的麻木感

渴望酒精的刺激
—— 自我分離的麻木

　　小玲是一場地震的倖存者之一，在地震發生時她正在教室，她被教學樓的牆壓了 48 小時，她的腿骨折了、肌肉也壞死了，不得不接受截肢。小玲的傷勢十分嚴重，一直在感染，她只能不停地接受截肢，最終小玲的右小腿被切沒了、左腿一直切到了盆骨。雖然傷勢嚴重，但小玲卻很樂觀，她一直以積極的態度面對周圍的人，她會主動安慰父母，不讓父母為她擔心。小玲最大的願望就是能藉助義肢站起來。

　　現實很殘酷，身體的疼痛讓小玲漸漸放棄了用義肢站起來的希望。不過小玲還是很樂觀，並很快結婚。婚後不久，小玲就懷孕了。由於身體狀況，生產對小玲來說十分危險，極有可能會面臨臟器黏連或大出血，但小玲還是堅持生下了兒子。兒子出生後，初為人母的小玲決定要多做些手工藝品，然後賣出去為兒子存錢。當時許多人都被小玲的樂觀所感動，她的手工藝品賣得不錯。

　　可是自從生下兒子，小玲的身體似乎從未恢復，她開始

254

頻繁血尿，屁股上還出現了大片凍瘡。小玲一面要忍受和治療凍瘡，一面還要忍受從腿部傳來的隱隱痛感。漸漸地，那個樂觀、陽光的小玲消失了。小玲對外界所發生的一切沒有什麼興趣，她每天除了吃飯，就是用手機看小說。看小說的時候，小玲也很少會有表情。

或許對於小玲來說，只有小說中所虛構的世界才能讓她感到一絲絲安慰，她喜歡短篇小說，太長的小說她看不下去。而且小玲很喜歡那些上天入地無所不能的主角。

小玲對家人的態度顯得麻木，她幾乎不與丈夫、父母交談。在兒子上幼稚園之前，小玲與兒子的關係還很密切。自從兒子上幼稚園後，兒子就不與父母睡在一起，漸漸地小玲對兒子也麻木起來。

如果沒有這場地震，小玲會像所有普通女孩子一樣，但地震卻把她囚禁在了輪椅上，還讓她每天都面臨著身體的疼痛。小玲的身體狀況無時無刻不在提醒著那段創傷經歷，為了避免痛苦，她只能以麻木的狀態來對待現實生活。但麻木就意味著沒有任何感覺，為了緩解自己的麻木感，小玲就只能從小說中尋求刺激。小玲喜歡看主角一直「贏」的小說，不喜歡主角被挫折「虐」，因為現實已經夠虐了。小玲還特別喜歡一本虛構的小說，在這本小說裡女人不用生孩子。因為小玲當初是為了生孩子，才給自己的身體帶來了嚴重傷害。

可是將自己困於麻木之中，是永遠無法從創傷中走出來的。

除了小玲這種創傷麻木外，還有一種麻木狀態比較常見，即在創傷事件發生時就已經陷入了麻木之中。

斯坦和烏特是一對普通的夫婦，一天早上他們在高速公路上遭遇了嚴重車禍，當時高速公路被大霧籠罩，能見度極低。斯坦在開車的時候差點和一輛大卡車相撞，為了躲避大卡車，斯坦立即踩煞車、打方向盤。斯坦和烏特雖然躲過了這輛大卡車，卻和幾輛汽車撞到了一起，這是一起十分嚴重的連環車禍。

當斯坦和烏特反應過來後，努力從車裡爬出來，但他們汽車的門和窗戶都被另一輛汽車擋住了，費了半天工夫也沒打開車門。就在他們著急從車裡出來的時候，突然聽到有人呼救。斯坦和烏特就這樣眼睜睜地看著一個人在他們眼前被大火吞噬了。斯坦和烏特十分恐懼，因為大火距離他們很近，隨時面臨被燒死的危險。所幸一名司機看到著火後，當機立斷用滅火器砸碎了擋風玻璃，斯坦看到此景後，立刻從車裡爬了出來。當他回過頭去看車裡的妻子，結果發現烏特呆呆地坐在那裡，好像嚇傻了。最後，斯坦在另一個人的幫助下，將烏特從車裡拖了出來。

救護車很快就來了，斯坦和烏特的身體沒有大礙，只有幾道擦傷而已，於是他們就回家了。但是劫後餘生的他們根

本睡不著，他們還沒有從死亡的恐懼中逃出來，他們既感到很幸運，又很後怕，如果他們在路上停下來給汽車加油，說不定現在正躺在醫院裡接受搶救，或者直接像那個人一樣被大火燒死了。最後，他們決定喝點酒。從此之後，斯坦和烏特每天晚上都需要藉助酒精來緩解恐懼和麻木。

斯坦和烏特雖然遭遇了相同的創傷事件，但對此的反應卻不同。斯坦的反應是驚恐，他一直處於車禍發生時的狀態，隨時都能想起車禍現場的情景。而烏特的反應卻是麻木，她的大腦一片空白，整個人好像什麼也感覺不到了。

麻木是一種很常見的創傷後遺症。在上述案例中，儘管斯坦的表現是不可控制地回憶起車禍現場，但這種驚恐狀態不會持續很長時間，他也會漸漸變得麻木起來。表面上看起來，他好像恢復了正常，但他自己知道，他根本沒有恢復到以往正常的生活狀態，他只是像行屍走肉一般活著罷了。

這種麻木的狀態會延伸到情感上，他們感受不到痛苦，也感受不到快樂。於是生活對他們而言，越來越沒有吸引力，因為他們無法體會到日常生活的快樂和煩惱。漸漸地，他們就會沉浸在酒精等刺激之中，因為這樣會讓他們覺得好過些。

敞開心扉

── 與周圍建立連繫

　　馮翔是中國四川綿陽北川羌族自治縣人，在汶川大地震中倖存下來。但馮翔的許多親人被這場大地震奪去了生命，其中就有他的心肝寶貝 ── 8 歲的兒子瀚瀚，一個很聰明，考試總是拿滿分的男孩。在大地震發生時，瀚瀚正在北川縣城曲山鎮讀書。瀚瀚所在的班級一共有 44 個孩子，只有一個小女孩成功逃脫，其他的孩子都被壓在了廢墟下面，瀚瀚的遺體至今也沒找到。當時的馮翔十分悲痛，但無暇傷心，立刻開始抗震救災的工作，後來還被破格提拔為縣委宣傳部副部長。

　　地震改變了許多人的性格，就像馮翔說的：「和許多同事一樣，我性格的根本轉變是在地震那一瞬間完成的。在地震前，我是一個很活潑、很開朗、很大方的人。」馮翔一直沒有從兒子去世的陰影中走出來，在兒子生日時，馮翔還特意帶著蛋糕和一本記錄著兒子成長的相簿去曲山小學上香，他的兒子就埋在那片廢墟之中。

後來，馮翔東挪西借在縣城買了一間房子，但除了房子外，他什麼也沒有了，連活下去的希望都沒有了。一年後，馮翔在家自縊身亡。

雖然汶川地震已經過去了將近一年，但馮翔還是會覺得很痛苦，還不如一死解脫，這是許多受到嚴重心理創傷的人都會出現的心理。創傷經歷會影響一個人的人際關係，因為受創者會喪失安全感和基本的信任感。沒有了基本的信任感，人與人之間的交往幾乎變得不可能，更別說建立起親密的人際關係。受創者會害怕與人建立親密關係，在人際交往上表現出退縮反應。

創傷經歷還會使一個人產生負罪感，因為不論他如何努力都無法避免災難的發生。如果在創傷經歷中，受創者曾眼看著其他人在自己面前遭受痛苦或死亡，尤其是自己的親人，這種負罪感會更加嚴重，因為自己僥倖逃過了一劫，卻沒有能力營救他人。在馮翔的心裡，他一定對兒子的死充滿了負罪感，他沒有冒著生命危險去救兒子，沒有盡力一搏。

對於一名參戰軍人來說，如果他眼睜睜地看著戰友死亡而無能為力，那麼他極有可能會出現創傷後壓力症候群。對於一名從自然災害中倖存下來的人來說，親人的死亡會讓他更加難以走出創傷經歷。

受創者想要從創傷的陰影中走出來，就必須得學會與周

圍的人建立連繫，從親朋好友身上獲得情感的支持，恢復人與人之間最基本的信任感，重新獲得安全感。

積極互動是人際關係建立的基礎，例如當你對一個人報以微笑時，會希望對方能接收到這個友好的信號，也對自己報以微笑，但如果對方一直對自己毫無回應，就會產生受挫感，接下來也就失去了建立友好關係的可能。這種情況在受創者的身上十分常見，他們基本不會回應對方的友好信號。因此受創者需要一個人耐心地陪伴在他的身邊。

史蒂芬・格羅斯（Stephen Grosz）有一次去心理創傷治療中心，他看到了許多有心理創傷經歷的孩子，他們要麼顯得很憤怒、要麼就是麻木。史蒂芬拿著一個排球去積極引導這些孩子與他一起遊戲，史蒂芬先給了他們一個微笑，但那些孩子好像沒看見史蒂芬的笑臉一樣，根本不會回應。於是，史蒂芬就故意將球輕輕扔到一個孩子身邊，史蒂芬走過去將球撿了起來，然後輕輕把球推向這個孩子，這個孩子會毫無興致地推回去。史蒂芬並未放棄，他一直不停地輕輕將球推向這個孩子，好像在邀請他和自己玩球，過了一會兒，這個孩子終於有了反應，他開始回應史蒂芬。

雖然受創者在人際交往中會表現出退縮、迴避等反應，但他們都渴望能與他人進行友好互動。此時安全的環境就顯得尤為重要，受創者需要一個極富同情心的人陪伴在自己身

邊，他不會離開自己，會給自己以心理上的保護。由於在面對創傷事件時，受創者會產生一種感受，即人與人之間的連繫很脆弱，隨時可能被剝奪，因此他需要一種承諾，他再次建立的人際關係很牢固和安全，他不會再次體驗被遺棄的感覺。

2001 年 9 月 11 日上午，美國有民航客機被恐怖分子劫持了，其中兩架客機分別撞向了美國紐約世界貿易中心一號大樓和二號大樓，這兩座建築物在被撞擊後相繼倒塌，甚至還波及其他建築物。還有一架客機撞向了美國華盛頓的國防部五角大樓，這裡的情況沒有紐約嚴重，五角大樓並未倒塌，只是局部結構受到損害。這便是著名的 911 恐怖襲擊事件，也是美國本土發生的最嚴重的恐怖襲擊事件，事件發生後不久美國各地的軍隊全部進入了最高戒備狀態。除了軍隊外，倖存者的精神也進入了最高戒備狀態。

911 事件發生時，正值上班時間。一名 5 歲兒童諾姆和他的朋友正在教室裡玩耍，他們目睹了整個撞擊的過程，他們是這場可怕災難的見證者。諾姆的家人很幸運，他們都成功從世界貿易中心的大樓裡逃了出來。

諾姆雖然經歷了這場可怕的災難，他也看到了許多人為了求生從樓上跳下來的場景，但諾姆很快從這段創傷經歷中走了出來。因為他的家人都很安全，他所生活的環境是安全

可信賴的，再加上他父母的正確引導，這段經歷對諾姆來說雖然印象深刻，但並沒有留下陰影。

諾姆畫了一幅畫，這幅畫就是他看到 911 事件發生時的真實場景。但不同的是，諾姆還發揮想像力畫了一張大彈跳床，因為這樣那些從樓上跳下來的人們就會安全地落到彈跳床上。

湯姆也是 911 事件倖存的兒童，他的年齡與諾姆相仿，在撞擊發生時他也正在教室玩耍。不同的是，湯姆是家中唯一的倖存者，他的父母和哥哥都在這場災難中喪生了。後來湯姆被送到了祖父、祖母家中。

以前的湯姆是個無憂無慮的快樂男孩，但自從 911 事件後，湯姆開始變得麻木，就算祖父或祖母等親人故意引導他，湯姆也毫無反應。湯姆每天最喜歡坐在那裡堆積木，他會將積木堆成一座高樓的樣子，然後手拿著一架飛機將高樓撞倒，這是他曾親眼看到的場景。

諾姆和湯姆的遭遇表面上看起來是相同的，但湯姆家人的喪生就注定了這段創傷經歷會成為他人生中揮之不去的陰影，因為他與周圍的連繫被這場災難強制切斷了，他無法從人際關係中體會到安全感和基本的信任感。但諾姆不一樣，因為象徵著他情感安全的家庭成員在這場災難中完整地倖存下來。

第八章

性格與文化 —— 人為賦予的差異

歐美文化十分強調一個人的獨立性，個人主義非常盛行。在這種文化下長大的人，比較傾向於獨立和依靠自己的努力獲得成功。但反觀亞洲文化，集體主義的色彩比較明顯。在這種文化下長大的人，比較傾向於在與他人的合作中獲得成功，因此特別強調謙虛和自我批評，很少進行自我肯定。

被狼養大的女孩
—— 濡化

毛克利是一個印度樵夫的兒子，他在嬰兒時期曾被父母帶著去森林，正好遇到了老虎，毛克利的父母在驚恐之下將毛克利丟下逃走了。後來，毛克利意外被一頭母狼收養，成了狼群中特殊的一員。

毛克利與狼之間的關係非常好，與他一起喝母狼奶長大的狼兄弟對毛克利十分忠誠，毛克利是所有生活在森林中的動物中最先使用火的，他從附近村子裡取來了火種，並利用火幫助頭狼平息了狼群的叛亂。

後來，毛克利被一位失去兒子的村婦收養。毛克利很快適應了人類社會的生活，還當上了放牧牛群的牧童。毛克利的人類生活被大反派老虎邪漢給攪和了，邪漢跟隨著毛克利來到村莊附近，並準備伺機報復。毛克利得知邪漢的意圖後，就與狼兄弟們商量了一個計策，將邪漢引誘到牛群之中，最終邪漢被牛群踐踏而死。後來，毛克利得罪了村子裡

的一位巫師，村民們在巫師的蠱惑下用石子將他驅趕出了村子，毛克利最終回到了森林中。

這是魯德亞德·吉卜林（Rudyard Kipling）的著作《叢林奇譚》（*The Jungle Book*）中的一個故事。這個故事極具吸引力，許多人都很喜歡這個故事。這個故事似乎在告訴我們，一個人即使從未受過人類社會的薰陶，也能獲得人類智慧。然而印度女孩卡瑪拉的真實經歷告訴我們，毛克利的故事只是故事，在現實中根本行不通。

1920 年 10 月，一位印度傳教士辛格（Joseph Amrito Lal Singh）在印度加爾各答的叢林中意外發現了兩個裸體女孩，其中一個女孩大約 8 歲，另一個女孩一歲半左右，她們雖然和人長得一樣，卻好像野獸一樣，不會用雙腳站立，只能四肢著地走路，好像爬行的動物一樣。辛格將這兩名女孩帶到了人類社會，並為她們取了人類的名字，年紀大的叫卡瑪拉，小的叫阿瑪拉。

這兩個女孩被送到了育幼院，還被安排接受身體檢查，她們的身體雖然很正常，但有些營養不良。她們的生活習慣與狼比較相似，除了四肢行走外，還晝伏夜出，白天睡覺，一到晚上就變得活潑起來。而且她們很害怕見到亮光，在太陽底下總是瞇起眼睛，卻能在黑夜裡看清東西。每到晚上 10

點、1 點和 3 點時，她們就會發出尖銳的怪聲，好像狼的嚎叫一樣。因此人們斷定，這兩個女孩是被狼養大的，應該是在半歲左右時被母狼帶走的。

雖然卡瑪拉和阿瑪拉與小說《叢林奇譚》中的毛克利一樣都是被狼養大的，但她們在適應人類社會生活時卻並不像毛克利那樣順暢。辛格花了很長時間才教會卡瑪拉用膝蓋走路。兩年後，卡瑪拉終於學會在有人扶著的情況下站立。雖然最後卡瑪拉學會了直立行走，但走得很緩慢，她想走快或奔跑時，還會四肢並用。

阿瑪拉十分依賴卡瑪拉，她們總是像小狗一樣互相依偎在一起，不願意與其他人待在一起。在吃東西的時候，她們不會用手去拿，而是直接用嘴去吃。喝水時，她們也像狼一樣用舌頭去舔。她們的護食行為也與狼相似，當有人或動物靠近她們的食物時，她們就會發出「嗚嗚」的聲音以示警告。

辛格為了讓她們盡快適應人類社會，開始讓她們按人的生活方式去生活，他會安排她們在白天晒太陽，當她們被太陽晒得很熱的時候，就會張開嘴將舌頭伸出來，像狗一樣喘氣。辛格還會安排她們穿衣服、洗澡和養成到廁所便溺的習慣，但她們並不配合，不穿衣服、不洗澡、隨地大小便。一年後，阿瑪拉死了，這對卡瑪拉造成了十分嚴重的打擊，她不僅流下了眼淚，還兩天兩夜不吃不喝。

　　隨著時間的推移，卡瑪拉漸漸開始適應人類社會，她會因為受到稱讚而高興，也會因為做不好某件事情而苦惱和哭泣，例如有一次卡瑪拉怎麼也解不開鈕扣，她著急得哭了起來。後來，卡瑪拉開始和育幼院的其他人建立親密的關係，她甚至能照顧年紀較小的兒童。

　　雖然卡瑪拉學會了一些人類的生活習慣，但智力卻沒有趕上正常兒童的發育。卡瑪拉 17 歲時死於傷寒熱病，當時她的智力只有三四歲孩子的水準。不過卡瑪拉的大腦結構卻和同齡人沒有太大的差別，不論是大腦的重量、容量，還是腦細胞間的神經纖維發育，都接近於正常兒童。

　　語言是人類社會的重要工具，也是人類所具有的獨特之處。雖然辛格花費了很長時間教這兩個完全不懂語言、發不出人類語言音節的女孩，但她們卻沒有真正學會說話，只學會了幾十個單字，能用 3 個單字組成句子。

　　基因雖然會影響我們的性格特點，但社會文化的影響同樣重要。卡瑪拉的大腦雖然與普通人無異，但因為長期脫離人類社會，她的智力和大腦功能沒有得到開發，不論如何努力她都無法像正常人一樣適應並在人類社會中生存。不論我們的大腦再怎麼發達，也需要社會文化的啟動。

　　當一個人還是嬰兒的時候，就會受到文化的影響，雖然這個時候人的生活範疇只局限在家庭中。嬰兒的照料者主要

是母親，母親的照顧方式會受到文化的影響。例如在宣導獨立的現代社會裡，母親會傾向於讓嬰兒或兒童獨自睡覺，大多數人從嬰兒時期就有屬於自己的房間和空間，在父母看來孩子的年齡不論多小，都是一個獨立的個體；但在傳統社會裡，母親經常陪伴嬰兒或兒童睡覺，這樣有利於夜間哺乳或照顧孩子。

當我們漸漸長大後，就需要學習自己所在社會的各種規則，其實這從我們還是兒童的時候就已經開始了。我們會被安排學習穿衣、吃飯、洗澡、定時排便等生活技能，到一定年齡後還會被送到學校接受教育。

道德觀念是文化中十分重要的部分，父母在孩子很小的時候就開始向他們灌輸了。一個五六歲的兒童就能擁有明確的是非判斷，知道什麼行為是正確的，什麼行為是錯誤的。在正常家庭中長大的孩子，會因為父母的指責而產生愧疚，於是這種內疚感會讓他漸漸學會自我控制，當他想做出某種錯誤行為的時候，能及時地停下來。

我們常常聽說這樣一句話：「孩子是父母生命的延續。」這種延續不僅僅是生物遺傳，更重要的還是文化傳承。這種社會文化的代際傳承被稱之為濡化。任何一個群體或國家都有屬於自己的文化，並將這種文化傳遞給下一代。一個人隨著年齡的增長，也會漸漸認同自己所身處的文化。

　　麥斯頓是個白種人，長得很高，皮膚也很白，他來自美國，但他卻覺得自己是個中國的藏族人。原來在麥斯頓 5 歲時，他的父母就把他丟在了西藏的一個修道院裡，然後他們便去亞洲和歐洲旅遊了。

　　麥斯頓在修道院裡待了許多年，與其他西藏的孩子一樣接受西藏喇嘛的教育。由於麥斯頓的外形與西藏孩子有很大的差異，經常獨自一人待著，但他認為自己是個西藏人，他聲稱自己是「一個住在白種人身軀裡的西藏人」。後來，麥斯頓儘管有機會回到美國，但他還是選擇留在了西藏，並且與一位藏族女子結婚，他的性格與普通的西藏人沒什麼不同，他已經完全接受了西藏文化，並按照西藏人的生活方式去生活。

　　在相同文化下長大的人，他們的思維方式和行為具有驚人的相似性。麥斯頓的外表看起來與美國人無異，但他卻無法融入美國人的生活中去，因為他的思維行為方式更像一個中國的藏族人，而不是美國人。在西藏，到處都有宗教活動的影子，宗教影響了大部分西藏人的價值觀和行為。

　　當我們沒有離開過自己所生活的群體或國家時，我們很少會注意到文化對人性格的影響，但當我們到了一個有文化差異的群體或國家時，我們會立刻注意到自己與其他人是不同的。例如一個臺灣人到美國去，他會十分強烈地意識到自

己是個臺灣人，會時刻注意到自己與美國人的不同。

　　歐美文化十分強調一個人的獨立性，個人主義非常盛行。在這種文化下長大的人，比較傾向於獨立和依靠自己的努力獲得成功。對於他們來說，應該儘早地與父母分離，然後開始依靠自己。不少文學作品和電影也都傾向於塑造一些依靠自己努力獲得成功的人。但反觀亞洲文化，集體主義的色彩比較明顯。在這種文化下長大的人，比較傾向於在與他人的合作中獲得成功，因此特別強調謙虛和自我批評，很少進行自我肯定。

為武力獻上掌聲

—— 社會風俗

亞諾馬米人生活在委內瑞拉，他們居無定所，當所在地的食物不再充裕時，他們就會搬家。亞諾馬米人後來分成了兩個部落，其中一個部落居住在低地，另一個部落居住在高地。

居住在高地的亞諾馬米人很少會表現出攻擊性，相對於戰爭，他們更喜歡和平，不會主動挑起戰爭，也不會參與群毆，在他們看來合作遠比競爭更重要。

居住在低地的亞諾馬米人則表現出極高的攻擊性，在這裡只用拳頭說話，女人的地位很低，當丈夫不如意時就會對妻子拳腳相加。這裡的男人隨時準備著進入戰鬥狀態，群毆和戰爭簡直就是家常便飯。他們會透過武力來奪取食物和妻子，然後毫不猶豫地殺死敵人。如果一個男人表現出了膽小的行為，那麼他接下來的人生將會在恥辱中度過。

當他們的食物消耗完了後，部落就會集結起所有的男性，然後去攻打附近村落。如果一個男人在戰爭中受傷了，那麼他的傷疤將會成為他榮譽的象徵，他還會將傷疤塗成紅色。

　　一個人的攻擊性行為與文化有著密切的關係。在有些文化中，人們傾向於訴諸武力，哪怕只是很小的矛盾，也要用拳頭解決。而在有些文化中，人們的忍耐性會很高，只有在忍無可忍的情況下才會發起進攻。

　　每個人都很在意別人對自己的評價，當別人對自己做出積極評價時，我們會認為自己不錯，就會變得很高興，因為我們渴望得到他人的認同，尤其是所在群體的認同。用武力解決問題這種行為，在有些文化中會被讚揚，有些文化中卻會禁止。於是，文化榮譽就出現了。不同文化的榮譽感是不同的，當一個人受到侮辱時，他會覺得自己的榮譽受到了挑戰，於是很容易出現攻擊性行為。

　　文化榮譽常常由經濟生活方式所決定。在上述案例中，生活在低地的亞諾馬米人獲取食物的方式主要是搶，因此在這種經濟生活方式的影響下，就很容易產生用武力得到和維護一切的榮譽感，當他覺得自己受到侮辱時，也很容易用武力的手段去解決。

　　在歷史上，農耕民族的戰鬥力總是不如游牧民族。農耕民族的經濟生活方式比較穩定，基本上是自給自足，因此用武力來獲得榮譽並沒那麼重要。但游牧民族的經濟生活方式卻是逐水草而居，很不穩定，隨時都面臨著被搶走財物的危險，因此用武力守護財物，甚至用武力從他人那裡搶來財物

就變得尤為重要，他們的群體會稱讚武力併發展出用武力維護榮譽感的文化。

在現代社會，農耕文明和游牧文明早已經成了歷史，與我們的生活越來越遠。但文化榮譽卻保留了下來，例如在美國的南方人和北方人在面對侮辱時會有不同的表現，南方人更容易被激怒。美國是個移民國家，南方人在歷史上曾是游牧民族，北方人在歷史上曾是農耕民族。此外，南方的犯罪率也遠遠高於北方，不少人都會死在用武力捍衛榮譽的戰鬥之中。

在一項實驗中，實驗策劃者請來了一些美國的北方人和美國的南方人進行參與。在實驗開始後，實驗策劃者會安排一個人故意撞向參與者，然後對參與者出言不遜。在面對相同的情況時，南方參與者會產生強烈的被侮辱感，並且特別想使用武力維護自己的榮譽。而北方參與者則不同。此外，南方參與者的睪固酮水準也比北方參與者高，更容易出現攻擊性反應。

其實攻擊性就隱藏在人的本能之中，每當一個人感到自己被冒犯時，就會覺得憤怒，並想訴諸武力。而文化的作用，就是喚醒或抑制人體內的攻擊本能。如果一種文化宣導武力，那麼一個人的攻擊本能就會被喚醒。如果一種文化制止武力，那麼一個人的攻擊本能就會繼續隱藏起來。例如歐洲自古風行的決鬥。

　　俄國文學之父普希金就死於決鬥。普希金的妻子娜塔麗婭是個美麗的女人，從來不乏追求者。1834 年，娜塔麗婭有了一個新的追求者，是來俄國避難的法國貴族丹特斯。丹特斯不僅年輕英俊，還深受聖彼德堡上流社會貴族女人的喜愛。他看上娜塔麗婭後就開始公開追求她。

　　娜塔麗婭被丹特斯的魅力深深吸引了，從開始的拒絕到答應約會。漸漸地，娜塔麗婭對普希金越來越冷淡，甚至拒絕普希金進她的房間。起初，普希金就無法忍受妻子被他人追求，這下普希金更加憤怒，於是決定與丹特斯決鬥。在這場決鬥中，普希金受了重傷，不久後就去世了。

　　當用武力解決問題成為一種社會風俗後，那就說明這個群體對此是認同並稱頌的，他們會對此報以掌聲。一旦一種社會風俗被所有人稱頌，那麼這種風俗就會被認為是神聖的，參與其中的個體會倍感榮耀。

　　在印度某些地區盛行著一種儀式，這種儀式是從古代流傳下來的，被稱為「鉤擺」（hook-swinging）。在一年的某些特定時期，某個社會族群就會選出一個人作為神力代表，這個人的使命是讓自己掛在特定的鋼鉤上，然後到處遊行，以保佑兒童和穀物的安全。

　　這是一種讓外人看起來十分恐怖的儀式，因為神力代表必須赤裸上身，讓鋼鉤深深地刺入自己的背部兩側。而且在

遊行的時候，神力代表還會不停地搖著，這就意味著鋼鉤會在他的背部不停地動來動去，從而增加疼痛感。在外人看來，被選為神力代表一定是件倒楣的事情，需要忍受很大的痛苦。但在當地人看來，這是一種榮譽。最關鍵的是，神力代表在儀式舉行的過程中不會感覺到任何痛苦，反而會覺得很快樂。等儀式結束後，神力代表背部的鋼鉤會被取出來，然後有人在他的傷口上撒上一些柴灰。這種簡陋的傷口處理方式在許多人看來也是不可思議的，有些人甚至認定傷口一定會發炎。但事實卻是，所有神力代表的傷口在柴灰的作用下迅速地癒合，大約兩個星期後，他的傷口就會痊癒，一點受傷的痕跡都沒有。

該如何解釋這種看起來十分神奇的現象呢？在鉤擺儀式中，神力代表的背部雖然遭鋼鉤深深刺入，但他整個人的狀態卻是異常亢奮的，他會覺得這是一種榮耀，並為此感到自豪。這種榮譽感會讓他忽視背部的疼痛，並產生一種類似強力鎮痛劑的化學物質，這種化學物質與嗎啡的作用類似，能讓人減輕，甚至抵消掉疼痛感，並產生快樂的感受。在當地人看來，鉤擺儀式是一種很神聖的風俗，是他們的榮譽。他們認為只要舉行鉤擺儀式，就能得到神的保佑。

傾向性訓練
—— 育兒方式

美國著名行為主義心理學家伯爾赫斯·弗雷德里克·史金納（Burrhus Frederic Skinner）最初的夢想是成為一名作家，但沒有成功。史金納是英國著名小說家威爾斯（Herbert George Wells）的粉絲，他經常閱讀威爾斯的作品，史金納從威爾斯的作品中發現了行為主義。威爾斯表示，他曾反覆思考這樣一個問題，如果他站在碼頭上，手中只有一件救生衣，水中有兩個人需要救，一個是他的好朋友愛爾蘭著名劇作家蕭伯納，他們有著相同的理念，都希望依靠經濟和政治的方式從資本主義社會過渡到社會主義社會，而不是使用暴力手段。另一個人是俄國著名生理學家巴夫洛夫，他曾做過一項著名的條件反射實驗，是行為主義流派的先驅。最終威爾斯做出決定，他會將救生衣扔給巴夫洛夫。也就是說，威爾斯選擇了行為主義。史金納也將畢生的精力都獻給了行為主義。

提起史金納，人們就會想起他用鴿子做實驗，從而提出了新的行為主義理論 —— 操作性條件反射。史金納的理論一

直備受爭議，其中最大的爭議要數史金納發明的育嬰箱，最先使用這個特殊裝置的人是史金納的女兒黛博拉。

育嬰箱裡的空間很寬敞，還有許多玩具，此外育嬰箱裡的溫度和溼度都得到了很好的控制，黛博拉只需要穿著一塊尿布就可以了，不用穿任何衣服，她可以任意地活動自己的四肢。史金納認為這樣有利於黛博拉鍛鍊肌肉。

史金納認為育嬰箱不僅可以讓孩子得到更好的照顧，還可以讓父母從看護孩子的苦差事中解脫出來。史金納甚至希望能普及育嬰箱，但卻遭到了許多人的反對，他們認為史金納是個冷酷的科學家，用自己的女兒來證明自己的觀點。育嬰箱在反對者看來就是一個殘暴的機械裝置，根本無法滿足人類的情感需求。有些反對者甚至散播謠言說，黛博拉患上了神經衰弱、有過自殺行為，還控訴自己的父親。但實際上史金納與黛博拉的關係很親密，黛博拉也因此成了一個多才多藝的藝術家。

很明顯，史金納的教育方式受到了行為主義思想的影響。後來史金納還寫了一本小說《桃源二村》（*Walden Two*）。在這本小說裡，史金納創造了一個由操作條件性刺激形成的社會。在這個社會中生活的人們，從出生開始就會接受嚴格的訓練，主要的方式就是積極強化，也就是獎勵。於是他們會成長為具有合作精神和社交能力的人，所有的行為都會受

到控制。這是史金納理想中的社會，也是一個被科學嚴格控制的社會。

　　不論是父母還是老師，他們在教育孩子的時候，都會按照自己的思維方式進行，而思維方式通常會受到文化的影響。在史金納之前，行為主義心理學的創始人約翰‧華生就主張把行為主義研究方法應用到兒童教養上，他的思想在當時產生了重大影響，不單單是在心理學界。

　　直到如今不少人仍然使用華生、史金納的教育方式，例如透過獎勵的方式來強化孩子的正確行為。在現代社會，許多人都傾向於使用鼓勵式的育兒方式，認為這樣有利於維護孩子的自尊。但在傳統社會，育兒方式比較傾向於懲罰，例如「棍棒底下出孝子」就被許多亞洲父母奉為金科玉律。

　　文化與育兒方式、性格發展之間的關係十分密切。當社會文化比較偏向於某種性格特點時，父母、老師就會鼓勵這種性格特點，從而使與之相反的性格特點倍受冷落。例如在亞洲集體主義文化中，有謙虛、合作性格特點的人更受歡迎，強調個性、競爭的性格特點就會被壓制。

　　在商業社會中，獨立性變得重要起來，因此一個人從出生到幼兒階段，他的父母會開始訓練他獨立，例如當孩子吵鬧著要父母餵食的時候，父母會要孩子學會自己吃飯。如果一個人表現出了個人意志和獨斷力等特點，那麼他就會受到鼓勵。

美國就是一個十分強調獨立性的國家，不論是在家庭還是在學校，競爭和勝利都會受到重視。美國的文化鼓勵所有人，讓他們相信只要自己努力，就能得到想要的一切。在這種文化的影響下，人們傾向於給自己設置極端的目標，例如獲得名聲、財富、榮耀以及輝煌的個人成就。這些極端的目標其實就是不切實際的夢想，如果人們總是嘗試去實現根本不可能實現的夢想，那麼就有可能產生憂鬱症。這也是美國憂鬱症大範圍蔓延的原因所在。

密西根大學心理學家蘭道夫・內塞（Randolph M. Nesse）對憂鬱症提出了不同的看法。內塞認為憂鬱症其實也是人的本能之一，是在演化過程中獲得的。也就是說，憂鬱症存在於我們的基因庫裡，隨時可能被喚醒。

人們總是傾向於盲目樂觀，例如當多數夫婦結婚的時候都認為他們一定會白頭偕老，認為自己將來離婚的可能性是零。當人們看到有人遭受災難的新聞後，都會認為自己比別人好運，災難更可能發生在別人身上而不是自己身上。再比如，儘管明文規定禁止酒駕，但還是有許多人酒駕，這些人在酒駕的時候不僅對自己的駕駛技術十分樂觀，認為醉酒不會影響自己的駕駛技術，甚至認為自己不會那麼倒楣被交警發現。

盲目樂觀雖然可以增強我們的幸福感，如果一個人相信自己將來一定會更加幸福，那麼他就很容易變得快樂起來，

也可以幫助他緩解焦慮的心態。但盲目樂觀卻存在一定的弊端，會使人們看不清現實，從而對自身能力產生過於自信的幻想。例如一個人在賭博時，那些盲目樂觀的人更容易堅持下來，也更容易輸得傾家蕩產。

人本來就很容易盲目樂觀，在盲目樂觀的影響下，人們很容易將時間、精力、資源都浪費在錯誤的目標上。因此人體基因庫中的憂鬱因子就會發揮作用，人們會出現輕度憂鬱，這種憂鬱具有一定演化上的優勢，會讓人們的神經系統切換成低能量的狀態，不再追求不切實際的目標，從而保留精力和資源，為新的目標做準備。

在美國所宣導的依靠個人努力獲得成功的文化下，人們就很容易為自己制定不可能實現的夢想，不會關心自己是否有能力實現這個目標。於是當努力了很久都沒有實現時，這個極端的夢想就不再讓人樂觀，會使人產生這樣一種錯覺，就算自己努力了也不會成功。於是憂鬱症會變得越來越嚴重，因為一直追求遙不可及的目標會使人的生理機制超載，會從輕度憂鬱轉變成重度憂鬱。

特定文化下的育兒方式還會影響人的性別特徵的發展。人的性格具有性別差異，例如我們常常認為女性比男性更加會照顧他人、更加親和。如果一個人有一個女兒，那麼他就會買布娃娃、粉紅色的衣服和髮飾等女性化的用品給她；如果是兒子

的話，就會買小汽車、機器人之類的男性化玩具給他。

在傳統社會中，有男主外女主內的說法，女性會花大量的時間在家裡，例如準備食物、做家事和照料孩子；而男性會花大量的時間在戶外。於是育兒方式在對待男女的時候就會有不同的表現。如果是個女孩，那麼她就會被要求在家中料理一切，例如幫助母親照顧弟弟妹妹；如果是個男孩，那麼他就會被安排到家庭以外的世界接受教育。這樣很容易出現性別不平等，男性會成為疏遠而具有控制性的角色。不同的育兒方式會影響一個人成年後的性格，如果一個人從小在性別不平等的社會中長大，那麼兩性之間的隔閡就會越來越大，女性會被養育成賢妻良母，男性則與家庭越來越疏遠。

如果是在性別平等的社會中，男性和女性會共同承擔照顧孩子的責任，也就是說孩子並不總是與母親待在一起。例如在以游獵採集為生的朱瓦西人（Ju/＇hoansi）那裡，父親在狩獵的時候，孩子由母親照顧；當母親外出採集食物時，父親就會承擔起照顧孩子的責任。在這個部落裡，男性不再具有支配性，女性可以像男性一樣精力充沛而且獨立。

一個人在性別平等的氛圍下長大，他的性格通常能得到自由發展，不會出現對權威的盲從。對於他們來說，男性和女性要承擔起共同的責任，男性可以出現女性化的行為，女性也可以表現出男性化的行為。

聖人還是神經病

—— 自我認同

　　威廉森出生於美國，他是個雙性人，也就是我們通常所說的陰陽同體。威廉森的父母沒有為他的出生而慶祝，因為他們信仰基督教，雙性人對他們來說是一個錯誤，並且是不祥的，是撒旦的詛咒，他們甚至不知道該替威廉森取個什麼名字，是按照女孩的名字取，還是按照男孩的？

　　對於威廉森雙性人的性徵，他的父母很排斥，父親看不起他，母親對他也總是疏遠和厭惡。威廉森的父母甚至不知道該拿什麼態度去對待威廉森，因為他們不知道威廉森到底是男孩還是女孩，他們不知道該用男孩的標準還是用女孩的標準去要求威廉森。在威廉森成長的過程中，會被父母帶到教堂去參加一些宗教儀式，這是讓威廉森最難堪和痛苦的時刻。因為父母這麼做，只是為了讓神父驅除威廉森體內的惡魔，他們相信正是因為惡魔附身，威廉森才會從一出生就變得不男不女。有時候，神父會給威廉森一張紙巾，讓威廉森把惡魔咳出來。從記事起，威廉森就知道自己是被上帝所遺

棄的,而雙性人的生理特徵就是上帝對他的懲罰。

不過,威廉森也有快樂的時候,那是他在祖母身邊度過的一段美好時光。威廉森的祖母是美國土著,她信仰的不是基督教。在祖母看來,威廉森的雙性人特徵是神靈賜予的福佑,而不是詛咒。祖母還告訴威廉森,雙性人意味著神靈賦予了他一個獨特的使命,他將來一定會做一些重要的事情,而且威廉森還能獲得一種非凡的力量,這種力量既有女性的優點,也有男性的優點。這些話讓威廉森十分快樂,他也相信自己生而不凡,是被神靈眷顧的幸運兒。

當威廉森回到自己家時,他總會覺得恐懼和痛苦,他最喜歡待在祖母家裡。而祖母也曾向他的母親要求,希望威廉森能在自己身邊長大。雖然威廉森的父母並未同意祖母的要求,但允許威廉森可以經常到祖母家中居住。每當威廉森覺得痛苦不堪的時候,就會到祖母家裡,那樣他的痛苦和恐懼就會有所緩解。

威廉森就在這樣矛盾的環境中長大,他所接受的資訊是雙重的。每當威廉森想到基督教義時,他就會產生害怕和自我厭棄的感受;每當想到祖母的教誨時,他就會覺得自己是個幸運兒,是被神眷顧的孩子。

性別對一個人的發展十分重要,當每一個人出生的時候,絕大多數親友都會問這樣一個問題:「男孩還是女孩?」

在教養的過程中，父母會採取完全不同的教育方式，會對女兒或兒子產生完全不同的期待。

當一個人還是嬰兒的時候，就會產生性別意識，將人分為男人和女人兩種。隨著年齡的增長，兒童開始傾向與同性一起玩遊戲，他們會按照性別要求去穿衣、選擇玩具等。可是世界上不僅有男人和女人，當基因發生錯亂時，會出現雙性人。

在大多數的文化中，雙性人是不被認可的，是怪胎一樣的存在。可是雙性人雖然反常，卻並不罕見，據統計，全世界有將近七千萬雙性人。雙性人的父母會很痛苦，他們或許會將這種痛苦發洩到孩子身上，例如上述案例中的威廉森，他從來沒有得到父母的關心和愛護。有些父母為了防止孩子被所處的文化排斥，會提前為孩子做出決定，將孩子按照男孩或女孩撫養，還會替孩子做性別重置手術和激素治療。這樣做會給一些雙性人帶來困擾，成為他們自主決定性別的障礙。例如：一個雙性人從小被當成男孩撫養，還做了手術，並且一直堅持激素治療，但他內心深處卻一直認為自己是個女孩。

但在有些文化中，雙性人不僅不會遭到歧視，還會受到高度的重視，例如大多數南美印第安人認為雙性人擁有兩個靈魂。能夠生活在這種文化中的雙性人是幸運的，因為他們是被認可的。

阿馬爾‧巴拉蒂（Amar Bharati）是個印度人，同時還是個苦行僧，從 1973 年起，他就將自己的右臂舉在空中不肯放下，至今已堅持了 50 年以上。如今，阿馬爾德右臂已經定型在右肩上，他的右臂已經廢了，和一段無用的義肢一樣。但他卻因此而成名，成了印度人心中濕婆（印度教三大神之一，毀滅神）的象徵。

在印度有一種十分流行的修行方式，即成為苦行僧。在印度教看來，一個人最好的去處就是天堂，因為在天堂能夠得到神靈的關照，可是人需要透過多次輪迴才能進入天堂，不過也有捷徑，比如成為一名苦行僧。

苦行僧顧名思義就是與一切享受作對，常人覺得痛苦的事都是苦行僧需要去體驗的，例如長時間斷食斷水、躺在布滿釘子的床上、行走在火熱的木炭上等等。苦行僧必須杜絕所有享樂的欲望，這需要極大的忍耐力。

苦行僧常常蓬頭垢面、衣衫襤褸，還帶著象徵濕婆神的三叉杖，邊走邊吟誦古經文。有些苦行僧還會全裸或半裸，他們會將灰塗在身上、臉上和頭髮上，他們會用人的頭骨來吃東西和喝水。這些苦行僧認為只有虐待自己才能使精神脫離肉體，這樣才能達到修煉的目的。

試想一下，如果有一個印度教苦行僧走在大街上，他全裸著身體，身上到處都是灰，還拿著一個人類頭骨做的飯

碗。那麼這個人一定會被人們認為是神經病，腦袋不正常。但在印度，特別是信仰印度教的人心裡，這些苦行僧是聖人般的存在，他們會崇拜甚至敬畏他。如果有苦行僧已經修煉到家，即肉身還在人世的時候，靈魂就已經到了天堂，那麼他就會被看成如同活菩薩一般的存在。

對於苦行僧來說，他們的種種行為舉止都是被所處文化認同的，他們有自我認同感，認為自己的所作所為都是有價值的。而在其他的文化中，苦行僧是不被認同的，因此苦行僧會被看成是瘋子，而不是聖人。

重溫生命的熱度
—— 狂歡與文化

克羅德·弗羅諾（Claude Frollo）是小說《鐘樓怪人》中的一個反派人物，他是巴黎聖母院的副主教，他一直奉行著宗教禁慾主義，覺得人世間的享樂是違背宗教教義的，長久的禁慾使克羅德的靈魂扭曲了。一天，克羅德看到了一個美麗的少女，這名少女便是愛絲美拉達（Esmeralda），她是個吉卜賽少女，正在聖母院前面的格萊夫廣場上跳舞賣藝，她還帶著自己的寵物，一隻羊角和羊蹄被塗成金色的小羊。許多人都被愛絲美拉達的美貌所吸引，包括克羅德在內。

克羅德一下子就愛上了愛絲美拉達，他決定要得到她。克羅德有一個醜陋的養子加西莫多（Quasimodo），加西莫多的相貌醜陋到了極點，凡是見到他的人都會覺得恐懼，正因如此加西莫多才會被遺棄在聖母院門前，並被克羅德收養。克羅德安排加西莫多趁著夜色劫走愛絲美拉達。

所幸，愛絲美拉達被巡邏的弓箭隊隊長菲比斯（Phoebus Châteaupers）給救了，她也因此愛上了英俊的菲比斯。第二

天，加西莫多因為劫持的罪名被綁在廣場上示眾，當時天氣十分炎熱，加西莫多口渴難耐，但是沒有一個人給他送水，周圍都是嘲笑和辱罵他的觀眾，最後是愛絲美拉達不計前嫌將水送到他的嘴裡。

克羅德並沒有因此放棄，他趁著愛絲美拉達與菲比斯在夜晚約會時，刺傷了菲比斯，並將罪名安在愛絲美拉達的身上，最終愛絲美拉達被當成女巫抓了起來，並被判處死刑。在快要被處死的時候，愛絲美拉達被加西莫多救走，加西莫多將愛絲美拉達帶到了聖母院的鐘樓上，這裡不被世俗法律所管轄。

後來，克羅德將愛絲美拉達哄騙出了聖母院，並且逼迫愛絲美拉達順從自己。在遭到她的拒絕後，克羅德惱羞成怒，就將愛絲美拉達交給修女巴格特看管，自己去叫警察。

巴格特曾是一名妓女，她在 16 年前生下了一個美麗可愛的女兒，她將所有的希望都寄託在了女兒身上，甚至還去找吉卜賽人給女兒算卦。算卦後不久，巴格特的女兒就不見了，有人抱走了她的女兒，並留下了一個醜陋的男嬰，這個男嬰就是加西莫多。受不了打擊的巴格特就選擇了隱修，希望能在有生之年看到自己的女兒，她覺得是吉卜賽人偷走了自己的女兒，因此十分憎恨吉卜賽人，當克羅德讓她看管愛絲美拉達時，巴格特想都沒想就答應了。

愛絲美拉達的脖子上戴著一個香囊，香囊裡是一隻女嬰的小鞋，巴格特認得這隻小鞋，這是她女兒的鞋，這時巴格特才知道面前的這個美麗的吉卜賽少女就是她日思夜想的女兒。很快，克羅德就叫來了警察。巴格特抓著女兒不讓她被警察帶走，但最後被警察推倒撞死了。

愛絲美拉達被帶走了，等待她的將是絞刑。當愛絲美拉達被吊上絞架時，克羅德正站在聖母院的頂樓上，看到愛絲美拉達被處死後，他狂妄地大笑起來。

17 世紀，從英格蘭開始，歐洲許多國家都出現了一種被稱為憂鬱的流行病，在發病時，不少人都會長時間陷入無精打采的狀態之中，有時還會伴隨著驚恐。這些人與《鐘樓怪人》中的克羅德一樣，被宗教思想禁錮著，長時間生活在禁慾的狀態下，生活中基本上沒有娛樂。

在宗教的影響下，許多人都會覺得追求快樂是一種罪過，因為宗教的本質就是禁慾，任何放縱行為，哪怕只是一點放縱，即使是無傷大雅的娛樂，也是要被禁止的。在這種思想的影響下，人們很容易變得憂鬱起來，生活好像變得沒有了希望，生命也就變成了一種負擔。

在當時，凡是深受宗教影響的歐洲人都杜絕狂歡現象的出現，在他們看來狂歡是一種墮落的象徵，狂歡中跳舞、尖叫和唱歌的人都像一群魔鬼。但事實上，狂歡中的人們卻很

快樂，他們在肆意釋放著自己。其實狂歡也是人的需求之一，在遠古時代，人們會透過狂歡的形式來鞏固社會關係。

在美洲，一些土著部落依舊保留著狂歡的儀式。在儀式開始後，所有的人都會開始跳舞，他們的肢體動作在外人看來是那麼奇怪，既瘋狂又野蠻，但他們卻很熱情。而 17 世紀的歐洲之所以會出現憂鬱這樣的流行病，之所以會出現像《鐘樓怪人》中克羅德這樣道貌岸然的副主教，就是因為他們的宗教文化是不允許狂歡存在的。由於宗教強調禁慾和禁止享樂，但人卻本能地希望生活中有娛樂的存在，於是這種文化與本能之間的矛盾就帶來了許多心理疾病，也會使人的性格扭曲，例如 19 世紀末維也納中上層階級女性出現的精神病症 —— 歇斯底里症。

在現代社會，狂歡的需求依舊廣泛存在，它能使人重溫生命的熱度，已然成為一種文化，例如 1950 年代末到 1960 年代初美國出現的搖滾革命。在當時，許多年輕人都聚集在一起唱歌和跳舞，一些搖滾團體會在戲院和音樂廳表演，還因此招來了警察。

在許多年紀較大的美國人看來，這些年輕人的行為實在太瘋狂了，甚至有些歇斯底里。有些搖滾歌手在表演時，還會出現大量具有性暗示意味的動作，例如貓王艾維斯·普里斯萊（Elvis Aaron Presley），他在表演的時候很少會安安靜

靜，通常都是又跳又唱，有些劇場在播放貓王的表演時，會故意將他下半身的畫面給剪掉。

　　如今，搖滾所帶來的狂歡早已經被金錢所腐蝕。但狂歡文化依舊沒有消失，它開始以其他的形式出現，例如觀看球賽，特別是足球賽。對於球迷們來說，能到現場觀看一場足球賽是最過癮的。在現場，球迷們可以無拘無束地釋放平常被壓抑的情緒，可以大聲喊叫，也可以從椅子上跳起來。球迷們之間的感染力絲毫不遜於搖滾音樂，人們會進入集體興奮的狀態之中。

電子書購買　　爽讀 APP

國家圖書館出版品預行編目資料

九型人格心理學，看透你的內在動機與行為模式：
巨嬰、情緒勒索、感知障礙、PTSD……是什麼
塑造了他們，又為什麼很難治癒？ / 李娟娟 著，
京師博仁 組編 . -- 第一版 . -- 臺北市：樂律文化
事業有限公司 , 2024.07
面；　公分
POD 版
ISBN 978-626-98810-3-1(平裝)
1.CST: 性格 2.CST: 人格心理學
173.761　113009754

九型人格心理學，看透你的內在動機與行為模式：巨嬰、情緒勒索、感知障礙、PTSD……是什麼塑造了他們，又為什麼很難治癒？

臉書

作　　　者：李娟娟
組　　　編：京師博仁
責 任 編 輯：高惠娟
發 行 人：黃振庭
出 版 者：樂律文化事業有限公司
發 行 者：崧博出版事業有限公司
E - m a i l：sonbookservice@gmail.com
粉 絲 頁：https://www.facebook.com/sonbookss/
網　　　址：https://sonbook.net/
地　　　址：台北市中正區重慶南路一段 61 號 8 樓
8F., No.61, Sec. 1, Chongqing S. Rd., Zhongzheng Dist., Taipei City 100, Taiwan
電　　　話：(02) 2370-3310　　傳　　真：(02) 2388-1990
律 師 顧 問：廣華律師事務所 張珮琦律師
定　　　價：399 元
發 行 日 期：2024 年 07 月第一版
◎本書以 POD 印製
Design Assets from Freepik.com